GRIGORIJE DURIĆ

Zeugnisse der Menschlichkeit

GRIGORIJE DURIĆ

Zeugnisse der Menschlichkeit

Ein orthodoxer Bischof erzählt

Übersetzt aus dem Serbischen von Dragica Schröder

HERDER

FREIBURG · BASEL · WIEN

Originaltitel: *Preko praga*

Hermann-Herder-Straße 4, 79104 Freiburg

www.herder.de

Bei Fragen zur Produktsicherheit wenden Sie sich an
produktsicherheit@herder.de

Umschlagmotiv: Wikimedia Commons, © Saint-Petersburg Theological Academy, veröffentlicht unter Creative Commons CC BY 2.0.
Umschlaggestaltung: Verlag Herder

Satz: Daniel Förster, Belgern
Herstellung: GGP Media GmbH, Pößneck

Printed in Germany

ISBN Print 978-3-451-39398-3
ISBN E-Book (EPUB) 978-3-451-83939-9

Inhalt

Vorwort

Denn wir haben hier keine bleibende Stadt,
sondern die zukünftige suchen wir (Heb 13,14)

Dieses Buch ist nur der Gattung nach eine Sammlung von kurzen Erzählungen über Menschen und Orte, die dem Autor in seinem Leben und seinem geistlichen Wirken begegnet sind. In Wirklichkeit nimmt uns Bischof Grigorije mit auf eine poetische (Bahn)Reise, die tief in sein und unser Inneres geht – und dadurch auch zu IHM führt. Auf diesem Weg ermuntert er uns, den Blick aus dem dunklen Bild im Spiegel zu nehmen, unsere Augen weit aufzumachen, uns selbst und die anderen sowie die Welt, die um uns ist, zu entdecken, erfahrend zu betrachten und mit allen Sinnen einzuprägen.

Den Anfang dieser Reise markiert eine Schwelle; eine Türschwelle, die immer wieder bereitwillig und mutig betreten werden muss. Und ein Berg, der immer da ist, stellt die erste Perspektive dar, die überwunden werden soll. Wie ein roter Faden läuft durch alle Erzählungen das Motiv der »Heimat«. Einer Heimat, die der Autor verlassen hat, wie sie jeder verlassen muss; einer Heimat, die er wie jeder sucht; einer Heimat, die doch in ihm verbleibt, wie in jedem von uns. Den Rahmen bildet das Leben, das in seiner Vielfältigkeit und Komplexität jede menschliche Vorstellungskraft übersteigt.

Alle Erinnerungen, die hier erzählt werden, sind vom Tod bzw. vom Krieg geprägt. Der Tod steht für den Autor jenseits eines beliebigen Zeitpunkts menschlichen Schicksals; er macht die Personen der Erzählungen durchsichtig: den Vater Zdravko, die Oma Savka, den Abiturienten Nemanja, die jungen Todkranken Filip und Anastasia; alles ist Licht, Auferstehung, Leben. Und der Krieg, den der Autor selbst erlebte (1992) oder in den Biographien von V. Stevan Pravica und Mönch Georgije, in seiner Volks- und Familiengeschichte miterlebte (Erster und Zweiter Weltkrieg, Bürgerkrieg), hinterlässt in Personen und Orten tiefe Wunden, die jedoch Fenster zur Gnade Gottes öffnen können. Doch dies sind keine bloßen tristen Erinnerungen an Menschen (und Unmenschen) und Orte. Personen und Orte verhelfen dem Autor und uns zu einer anderen Art von Erinnerung: zu einem Blick auf die Zukunft, die bereits angebrochen ist.

Trotz oder gerade wegen der Schlechtigkeit der Geschichte: Mit einem Ball in der Hand oder am Bein, der Vollkommenheit und Leichtigkeit darstellt, spielend wie Gott bei der Erschaffung der Welt (nach dem Ausdruck des hl. Gregors des Theologen) und mit einem breiten Lächeln, das den Grad der Freiheit, zu der man berufen ist, und der Ehrlichkeit markiert, lädt uns der Autor ein, diese Reise anzutreten, in die Gemeinschaft der Menschheit einzutreten. Wie eine Ikone der zu suchenden Stadt steht im Epilog der Reise und dieses Buches das Kloster Tvrdoš. Dort, am sanften Sausen des Flusses Trebišnjica, findet der Autor den Ort seiner Sehnsucht, der am Ende dieses Buches zum Ort unserer Sehnsucht wird.

»Die Dichter sehen, wie immer, weiter und tiefer als die anderen«: Dieser Aphorismus des Autors spricht für sich. Dabei versteht es Bischof Grigorije als Pflicht, auch uns, Leserinnen und Lesern, durch diese seine Erzählungen einen weiten Blick auf die zukünftige Stadt, die wir suchen, zu verschaffen. Und zu schärfen. Dies sollten wir dankbar annehmen.

† Metropolit Augoustinos von Deutschland
Exarch von Zentraleuropa
Vorsitzender der Orthodoxen Bischofskonferenz
in Deutschland (OBKD)

Die Schwelle

Für Mutter und Vater

Meine Mutter spürte immer, wenn bei mir etwas Wichtiges geschah. Dieses Gefühl haben wohl alle Mütter. Daher war ich es manchmal leid, wenn sie etwas nicht ernst nahm, das für mich wichtig war. Wenn sie durch hartnäckiges Schweigen oder ein beiläufiges Wort meine Dramen beendete.

Ich erinnere mich gut an einen Augusttag. Der Himmel war heiter und klar, ein paar Wolken in der Ferne. Aus dem Haus hörte man das gedämpfte Getuschel der Frauen, die merkwürdigerweise viel leiser waren als gewöhnlich. Vor dem Haus, im Garten, unterhielten sich die Nachbarn und die Verwandten lebhaft, die um eine festlich gedeckte Tafel versammelt waren. Vermischt mit dem Summen der Bienen und dem Vogelgesang drangen Teile des Gesprächs bis zu der Türschwelle, auf der ich saß, in meiner blauen Hose und meinem besten hellblauen Hemd, abwesend und in Gedanken versunken. Von Zeit zu Zeit schaute ich zum Berg hinauf, der sich über dem Haus erhob. Ich kannte ihn gut und liebte ihn sehr, so, wie man nur einen guten Freund kennt und liebt. Diesen sanften, manchmal aber auch launischen und unberechenbaren Berg liebten wir alle, weil er immer schon Zufluchtsort und Ernährer war, Stütze und Schutz, aber ebenso

Zeuge der Mühen und des Kampfes ums Überleben in den ungewöhnlichen Welten meiner Kindheit.

Ein Gedanke von Ivo Andrić überkam mich, den ich einige Tage zuvor gelesen hatte: »Der größte Berg, den der Mensch überwinden muss, ist die Schwelle seines Hauses«, so klangen diese Worte Andrićs in meinen Ohren. Meine Mutter schaute von Zeit zu Zeit aus dem Haus, ihren stummen Blick kurz auf mich gerichtet, der ihr genügte, um zu wissen, wie ich mich fühlte. Auch sie war an diesem Tag anders, als spürte sie mit dem besonderen Sinn einer Mutter den Kampf, der sich in mir abspielte. In ihrem beharrlichen Schweigen konnte ich ihren unausgesprochenen Vorwurf spüren: »Gut, wie du willst. Das ist deine Entscheidung.« Der Abschied fiel ihr schwer, aber ich wusste, dass sie sich meinem Entschluss nie widersetzen würde. Sie, die mir nie gestattet hatte, auf der Türschwelle zu sitzen, weil das als unanständig galt, sagte an diesem Tag kein Wort dazu.

Von der Schwelle des bescheidenen, nicht allzu großen Hauses, das mein verstorbener Vater gebaut hatte, öffnete sich ein Blickfeld, das ich heute noch oft vor mir sehe, wenn ich die Augen schließe. Als Kind habe ich die Bedeutung dieses Anblicks nicht begriffen. Mir scheint, dass ich erst jetzt seine volle Bedeutung und den ganzen Sinn verstehe. Ich könnte nicht sagen, ob es im Herbst schöner war, wenn Gold und Röte die dichten Bergwälder und die verödeten Wiesen durchzogen, oder im Winter, wenn der schwere Schnee auf die steilen Hänge fiel und sie mit Stille überzog. Von dieser Schwelle aus betrachtete ich gern das Erwachen des Frühlings und hörte der Melodie der vielen Bäche zu, die durch die Täler und Hänge strömten, oder ich lauschte in den Sommernächten dem Zirpen der Grillen und Heuschrecken, die sich in der Dunkelheit versteckten. Jeden Morgen, zu jeder Jahreszeit, erblickte ich, sobald ich die Augen öffnete, wundervolle Ansichten und hörte ich die ungewöhnlichsten Klänge. In ihnen bewahre ich in der Erinnerung bis heute ein Andenken an meine Kindheit.

An diesem Tag, als ich auf der Türschwelle saß, rief ich in meinen Gedanken diese vertrauten und lieben Bilder herbei. Die Sonne näherte sich dem Scheitelpunkt, ein unmissverständliches Zeichen, dass die Stunde des Aufbruchs gekommen ist. Ich ging ins Zimmer und betete vor den Ikonen, küsste die unseres Schutzpatrons und drehte mich zu der Stelle um, wo ich als vierjähriges Kind wortlos meinen verstorbenen Vater geküsst hatte, um mich von ihm für immer zu verabschieden. Meine Mutter versuchte ihre Tränen zurückzuhalten. Sie verabschiedete mich still, mit unausgesprochenen Worten der Ermutigung, mit denen sie mich all diese Jahre der Kindheit, wie mit einer dritten Hand, umarmt und ermuntert hatte.

An die anderen Leute kann ich mich kaum erinnern. Ich weiß, dass sie mich gutmütig und warmherzig ansahen, aber in diesem Augenblick waren sie mir ganz fern und fremd.

Ich griff nach dem kleinen Koffer, der ein paar Tage zuvor für diesen Anlass gekauft worden war. Ohne Tränen und ohne mich umzudrehen, ging ich langsam den abschüssigen Weg zur Hauptstraße hinab. Im Kopf dröhnte das Wort *Schwelle*, das alles andere erstickte und verdrängte. In diesen Schritt, den ich an diesem Tag über die Türschwelle tat, passte, so scheint mir, mein ganzes Leben.

Ich werde mich immer an sie erinnern. Es war eine ziemlich hohe Schwelle, aus nur einem Holzstück gemacht. Warum ist sie für mich so wichtig geworden? Ist der Gedanke von Andrić dafür verantwortlich, oder eine bewusste Anhänglichkeit? Wie dem auch sei, bei jedem großen Schritt, den ich in meinem Leben tat, hatte ich den Eindruck, wieder vor dieser Schwelle zu stehen, im Zweifel daran, ob ich sie tatsächlich je überquert hatte. Wie die Jahre vergehen, wächst in mir der Wunsch, zu ihr zurückzukehren und sie zu erneuern, denn auch wenn sie ganz abgetreten ist, lebt sie in mir wie eine unsichtbare Grenze, die mich vor Irrwegen bewahrt. Sie holt mich an den Anfang zurück und verleiht allen meinen weiteren Schritten Sinn.

Obwohl ich in meinem Leben viele Schwellen überschritten habe, waren mir nur einige wenige wichtig. Mit einem Gefühl der Angst erinnere ich mich an die Schwelle meiner Grundschule, mit Ehrfurcht an die drei Schwellen von Hilandar[1], mit Bewunderung an die Schwelle der Hagia Sophia in Istanbul und mit Liebe an die des Klosters Tvrdoš. Ich bin über viele berühmte Schwellen gegangen. Sie sind für mich nie so bedeutend geworden. Sie sind nie wirklich meine geworden. Das können nur die Schwellen werden, über die wir ins Leben treten.

Züge

Züge mochte ich schon seit frühester Kindheit. Mein Vater war Eisenbahner, und seine Liebe für und sein Interesse an Zügen haben sich auch auf mich übertragen. Zuerst sah ich sie, ein ganz kleines Kind noch, wie sie, erzbefüllt, am Haus meiner Tante Stana vorbeifuhren. Oftmals schienen sie endlos, besonders für das Auge eines Kindes. Den langen Zug, der das Erz transportierte, nannte man »Spezialzug«. Er sah mächtig aus, wenn er durch den Berg donnerte und sich von Zeit zu Zeit mit seinem bekannten Hupsignal meldete. Verglichen mit der Bewunderung für eine Elektrolokomotive betrachteten alle die Dampflok etwas abschätzig, obwohl niemand leugnen konnte, dass sie auch ein Zug war. Unser Zechenstädtchen war ein wahrer Zufluchtsort für so eine alte Dame. Vareš scheint mir der letzte Ort auf der Welt gewesen zu sein, in dem immer noch eine Dampflok fuhr.

Ich kann mich nicht mehr erinnern, wann ich das erste Mal in einen Zug gestiegen bin. Es war wohl in dem Alter, als ich mir meiner selbst noch nicht bewusst war. Mein Vater erkrankte, als ich gerade drei Jahre alt war, und verbrachte viel Zeit im Koševo-Krankenhaus von Sarajevo, sodass ich mit meiner Mutter und meinem Bruder mit dem Zug gefahren bin, um ihn zu besuchen. Wir bekamen auch Ermäßigung, mit der sogenannten »Regiekarte«, weil mein Vater und auch sein Vater, mein Opa Ljubo, Eisenbahner gewesen sind. Wahrscheinlich spürte ich deswegen immer, wenn ich einem Eisenbahner begegnete, eine vertraute, familiäre Zuneigung, obwohl ich nicht wusste, wer er war und woher er kam. Bei solchen Begegnungen kam mir sogar immer der naive kindliche Gedanke: Auch er muss meinen Vater gekannt haben!

Meine erste Begegnung mit einem Zug geschah also zu der Zeit, als mir noch nicht bewusst war, was um mich herum geschah. Erst als ich erwachsen war, erzählte mir meine Mutter, wie einmal ein mir gegenübersitzender Herr mich Vierjährigen gefragt habe, ob ich lesen könne. Ich hätte es bejaht, obwohl ich eigentlich nur ein paar Buchstaben kannte. Da er an meiner Antwort zweifelte, habe mich der ältere Herr gebeten, den Schriftzug unter dem Fenster vorzulesen, und ich habe, so erzählte meine Mutter, wie aus der Pistole geschossen geantwortet: »Lehn' dich nicht aus dem Fenster, weil du sonst hinausfällst!« Alle Leute hätten gelacht, besonders meine Mutter, die mir während der Fahrten oft den Schriftzug unter dem Fenster vorgelesen und mir seine Bedeutung erklärt hatte. Später habe ich diese Warnung auch auf Deutsch gelernt. Noch jetzt sehe ich deutlich das kleine Emailleschild und darauf in schwarzen Buchstaben die Worte: »Nicht aus dem Fenster lehnen!«.

Züge wurden so im Laufe der Zeit zu meinem Lebensraum. Sicherlich gibt es Menschen, die viel häufiger gereist sind, aber für mich war jede Reise mit dem Zug einzigartig. Ich kann mich an große und kleine Züge erinnern, an lokale und internationale: von Vareš nach Podlugovi, von Sarajevo nach Belgrad, aber auch von Moskau nach Petersburg und von Brüssel nach Amsterdam. Ich bin in allen Klassen und verschiedenen Zügen gereist, von Dampflokomotiven bis zu den modernsten Expresszügen, immer mit einem angenehmen Gefühl, aus einer Ungewissheit heraus, die diese Reisen begleitete.

Hätte ich bei meinen Reisen mitgeschrieben, wäre inzwischen ein langer Zug mit vielen Waggons nötig, um darin alle Notizen über das aufzubewahren, was ich in den Abteilen und an den Bahnhöfen unterwegs gesehen und gehört habe. Ich hätte zum Beispiel über die Gegenden geschrieben, die ich durch die beschlagenen Fenster gesehen habe, über ein verstohlenes Lächeln bei der Begegnung mit betrunkenen Reisenden, darüber, wie ich angesichts eines Sonnenuntergangs geweint habe, als der Zug durch die Ebene dahinraste, oder über Menschen, deren Namen ich nicht einmal kannte, und doch ist mir ihr Gesicht auch heute noch in Erinnerung. Ich hätte über die geschrieben, die mir unverhofft nahekamen, doch die mir nach dem Aussteigen nur blass in Erinnerung geblieben sind, wie Menschen aus einem Traum. Ich hätte auch über die Träume und über das Wachwerden in Zügen geschrieben, über verpasste Ausstiegsbahnhöfe, über das heimliche, aber immer vorhandene Bewusstsein davon, dass am Ende einer jeder Reise, wohin der Zug auch gefahren ist, jemand oder etwas auf mich wartete. Je mehr ich darüber nachdenke, umso sicherer bin ich mir, dass nur diejenigen Menschen gerne mit dem Zug reisen, die die mit jeder Reise verbundene Ungewissheit lieben; jene Ungewissheit, die uns Reisende einander nahebringt und uns zu Vertrauten macht – und sei es auch nur bis zum nächsten Bahnhof.

Die Züge standen damals oft stundenlang auf der Strecke und warteten auf die Durchfahrt anderer Züge. Dann brauste gleich neben unserem ein anderer Zug durch, mit anderen Reisenden. Das geschah in Blitzesschnelle, und ich konnte kaum die

Schemen der fremden Gesichter erkennen. Gleichwohl konnte ich mich des Eindrucks nicht erwehren, dass dieser andere Zug und die Menschen in ihm nur ein anderes »Wir« waren, mit den gleichen Gesichtern und den gleichen Leben; wir, die wir nur für einen kurzen Augenblick aus einer anderen, fremden Realität in unsere eingedrungen waren.

Oft stellte man mir im Zug Fragen, besonders wenn man erfuhr, dass ich Theologie studierte. Das ging von den Fragen: »Wer ist Gott?«, »Wo ist Gott?«, »Warum lässt er Kriege zu?« bis hin zu der Frage »Warum hält dieser Zug hier so lange?«. Dabei blieb ich stets ruhig. Es gab ja, bei all der Unterschiedlichkeit unserer Standpunkte, weder für meine Gesprächspartner noch für mich einen Ausweg. Wir waren Gefangene eines Augenblicks in Zeit und Raum, den wir unabhängig von unseren Einstellungen teilen mussten. Nicht selten entwickelten wir einen freundlichen Umgang miteinander und teilten uns das letzte Stück Brot oder ein Getränk.

Die Schaffner waren eine Geschichte für sich. Sie alle waren gute Psychologen. Sie kannten die Menschen und das Leben ganz genau. Wenn ich allein in einem Abteil saß, ein Buch öffnete und zu lesen begann, warnte mich ein alter Schaffner immer mit einem Lächeln: »Kleiner, dumm zu sein ist gar nicht so einfach, vom Klugsein ganz zu schweigen. Pass auf dich auf!«

Jede Zugreise wurde zu einer wertvollen Erfahrung. Die Gewitzteren wussten: Was auch immer geschieht, man kann nirgendwohin ausweichen; warte geduldig, bis der Zug am Ziel ankommt, danach entsteht eine andere Wirklichkeit. So habe ich sehr früh begriffen, dass eine Zugreise in vielem dem wahren Leben ähnelt: Wie unterschiedlich wir auch sind, wir sind alle auf demselben Weg, daher braucht es Geduld. Dieses Wissen bringt die Reisenden einander näher, lässt sie einander besser verstehen. Daher hat der Zug in meinen Augen eine fast ontologische Macht erlangt. Er wurde so etwas wie ein großes, bewegliches Heim. In ihm reisen auch diejenigen, die sich falsch geben: Man findet Diebe, Lügner, Neider. Aber wie die Reise dauert, wird alles nach und nach aufgedeckt: Jeder Charakter erhält seinen richtigen Namen, alle Masken fallen unweigerlich. So wird der Zug ein echter Raum des Lebens, mit allen Elementen der Wirklichkeit.

Die im Zug herrschende Realität ist manchmal hart, manchmal lächerlich oder erfreulich, manchmal verwirrend. Der Zug kann ein reisendes Lager sein, eine fröhliche Karawane oder ein Schiff auf Gleisen. Für mich waren Züge immer Siedlungen voller Leben, die nur dann einen Sinn haben, wenn in ihnen Menschen sind. Jeden, der auch nur kurz in ihre Welt einkehrt, begeistern Züge mit ungewöhnlichen Erfahrungen und unvergesslichen Begegnungen. Wohl deswegen heißt es, dass es dort, wo es keine Züge gibt, auch kein Leben gibt. Das Leben ist eine ununterbrochene Reise zu der Station, die uns am meisten erfreuen wird, zum absoluten Glück, zu jenem Ort, an dem es weder Trauer noch Schmerz mehr gibt, zu jenem Ort der Begegnung mit Ihm, der ist und der macht, dass wir sind. Jede vergängliche Freude ist nur eine Zwischenstation auf dem Weg dorthin. Daher brauchen wir Züge. Und Reisen. Sie zeigen uns die Wahrheit über die Vergänglichkeit und die Kraft der Sehnsucht nach dem Unvergänglichen auf.

Žitomislić

Als Junge bin ich oft Zug gefahren. Einmal hörte ich, in der Erwartung, in Ploče anzukommen und das Meer zu sehen, an einer der Stationen auf dem Weg von Mostar nach Čapljina den Schaffner ein seltsames und mir bislang unbekanntes Wort aussprechen: *Žitomislić*. Während des kurzen Aufenthalts stiegen einige Reisende aus dem Zug, und in meinem Kopf klang der geheimnisvolle und ungewöhnliche Name, der sich still und unbemerkt in mein Bewusstsein einschlich, um dort für immer zu bleiben.

Als wir weiterfuhren, kreisten meine Gedanken dauernd um das Wort: *ži*to-mislić. Das Wort *žito* (»Weizen«) führte mich zurück in meine früheste Kindheit, wenn meine Mutter, müde und erholungsbedürftig, mich zum Schlafen bringen wollte, während mir immer noch nach Geselligkeit war.

»Schlaf!«, flüsterte sie.

»Ich kann nicht schlafen!«, begehrte ich auf.

Sie streichelte mich dann und fügte lächelnd hinzu, dass ich ruhig liegen und mir vorstellen solle, wie der reife Weizen wogt. Gott weiß, wie oft ich mit diesem beruhigenden und immer anderen Bild vom Weizen, der sich unter dem ihn sanft streichelnden Wind biegt und erhebt, eingeschlafen bin.

Die Bilder des wogenden Weizens in meinen Gedanken wurden von der Stimme des Schaffners zerstreut, der die Ankunft des Zuges am Zielort verkündete. Mir war, als sei der letzte Teil der Reise im Nu vergangen. Ich war mir sicher, dass ich ihn nie vergessen würde, diesen anscheinend unwichtigen Bahnhof auf dem Weg zum Meer und seinen rätselhaft schönen Namen, den ich dabei zum ersten Mal gehört habe.

Einige Jahre später wurde Žitomislić in meinem Verstand als lebendige Realität verwirklicht, als etwas Großes und Reales. Als ich mit dem Theologiestudium begann, war das erste, das ich über meinen damaligen Oberhirten, Metropolit Vladislav, erfuhr, dass er seine Zeit gern im Kloster Žitomislić verbringe. Das schien ausgezeichnet zusammenzupassen: Der für mich damals wichtigste Mensch der Kirche lebte an dem Ort mit dem ungewöhnlichsten Namen. Doch dann begann der Krieg. Der alte Metropolit starb, und die Serben wurden weit aus dem Neretva-Tal vertrieben. Der Wahnsinn triumphierte. Bald erfuhren wir auch die traurige Nachricht, eine von vielen, die uns in diesen Jahren erreichte: Das Kloster Žitomislić war zerstört. Mir schien, als sei mit ihm ein Teil meines Wesens verschwunden, jener Teil, in den dieses Wort tief einprägt war.

Als der Krieg zu Ende war, erschien eines Nachmittags vor dem Tor des Klosters Tvrdoš ein zerzauster deutscher Biker. Er holte aus seinem Rucksack den großen seidenen Talar des verstorbenen Metropoliten Vladislav heraus, den er zufällig unter dem Steinhaufen des zerstörten Heiligtums herausgezogen hatte.

»Dort ist alles vernichtet«, habe ich ihn irgendwie verstanden. »Das habe ich gefunden, ich denke, ich gebe es am besten dir. Damit wenigstens etwas von alledem übrig bleibt.«

Wir waren dem blonden zerzausten deutschen Biker und Touristen dankbar. Er hatte ein gutes Herz, das war alles, was wir über ihn wussten. Kurz darauf besuchte ich das zerstörte Kloster und fand am heiligen Ort trostlose Verwüstung vor. Kein Gedanke an Wiederaufbau. In meiner Seele herrschte unbeschreibliche Trauer, in meinem Kopf hallte es immerfort: Ži-to-mi-slić! Bald darauf kehrte ich ein zweites Mal an den Ort der Verwüstung zurück, mit dem gleichen unangenehmen Gefühl in meinem Inneren. Dieses Mal kam ich nicht allein und nicht aus eigenem Willen, sondern ich wurde geschickt. Es war Frühling, der April stand in voller Blüte. Plötzlich sah ich, dass aus einer verbrannten Platane fünf neue, scheue Sprösslinge gen Himmel ragten. Die Vögel sangen laut, alles war in helles Licht getaucht; ein starkes Gefühl neuen Lebens stieg in mir auf. Ein Gedanke blitzte durch meinen Kopf: Geh hin, küsse den Altar! Wie soll ich den Altar küssen, dachte ich, wenn doch alles verwüstet ist? Ich stieg über die Trümmer zum Altarraum hin und dort, wo anstelle des Altars ein Haufen Steine lag, erblickte ich eine junge, frisch gesprossene Zypresse. Ihre hellgrüne Farbe stand für Auferstehung und neues Leben.

Still, traurig und freudig zugleich sammelten wir die durch die Explosion verstreuten Knochen der Mönche von Žitomislić, die im vorherigen Krieg umgekommen waren, 1941. Ich verabschiedete mich von der Zypresse und streichelte mit meinem Blick die Jungtriebe der verbrannten Platane. Langsam fuhr ich mit der Hand über die Steine der zerstörten Kirche und machte mich mit nur dem einen Wunsch auf den Rückweg: dass Žitomislić wieder aufersteht.

So geschah es auch. Der Herr erhörte die Seufzer und Gebete der zu allen Zeiten Umgekommenen und aus dem Kloster Žitomislić Vertriebenen, und durch den Fleiß von Wohltätern wurde es wieder aufgebaut. In der Nacht vor der Einweihung des auferstandenen Klosters regnete es so stark wie seit Menschengedenken nicht mehr. Wir bereiteten uns vor, so gut wir konnten. Wir hatten zahlreiche Gäste eingeladen, aber es regnete wie aus Kübeln. Diejenigen, die in dieser Nacht und am Morgen nach Žitomislić gefahren sind, berichteten, dass sie anhalten mussten, weil der Regen für die Scheibenwischer zu stark war. Wir hörten den Wetterbericht, vergebens, überall regnete es. Es war kein Regen, sondern ein Wolkenbruch. In dieser Nacht, während der Regen ununterbrochen auf das Dach und an die Fenster prasselte, war ich anscheinend ruhig. Wir haben alles gemacht, was wir konnten, dachte ich. Mehr zu tun ist nicht möglich, das ist elementare Gewalt, Urgewalt.

Ich stand früh auf, um halb sechs, und ging nach draußen. Da standen durchnässte Polizisten auf ihrem Posten. Von der Mütze des ersten, auf den ich traf, ergoss sich Regen wie aus einem offenen Wasserhahn. Ich wünschte ihm einen guten Morgen und lächelte. Ob meine Begrüßung freudig oder verzweifelt oder etwas dazwischen war, dessen war ich mir nicht sicher. Ich erinnere mich nur, dass mich seine melancholische Antwort ganz wach machte:

»Lustig wird es heute«, antwortete er.

Es regnete in Strömen. Himmel und Erde verschmolzen zu einem dunklen, feuchten Strudel. Seltsamerweise war ich nicht verzweifelt. Ich erkannte einen Mann, einen Gläubigen, und ging auf ihn zu:

»Bruder, mein Glaube ist schwach, ich habe die ganze Nacht die Wettervorhersage verfolgt. Kannst du mir einen Gefallen tun?«, bat ich ihn.

»Ja«, sagte er und schaute mich ebenso heiter wie mitleidig an.

»Komm, ich bitte dich, bete darum, dass der Regen aufhört. Sage dem Herrn, dass er für heute den Regen über Žitomislić anhält. Dafür brauchst du nur ein wenig Glauben«, fügte ich hinzu.

Und so machte er es. Da war es viertel nach sechs am Morgen. Um halb acht hörte der Regenguss auf. Als der Patriarch eintraf, schien schon die Sonne über dem Kloster, doch ringsherum fiel echter Mostarer Regen. Ein Regen, wie man ihn selten sieht und der sich nicht beschreiben lässt.

In der Abenddämmerung fragte mich jemand von den Gästen vorwurfsvoll, warum es keine Sonnenschirme gegeben habe, weil die Sonne so unerbittlich gebrannt habe. Ich lächelte verwundert über diese Bemerkung:

»Wir haben der Wettervorhersage geglaubt«, antwortete ich.

***

Auch heute noch, zehn Jahre danach, kommen immer, wenn ich das auferstandene Kloster besuche, zwei, drei Bilder in meine Erinnerung:

wie der Zug quietscht, während jemand dieses wundersame Wort ausspricht: Ži-to-mi-slić;

wie die Sprösslinge der verbrannten Platane Knospen treiben;

wie die junge Zypresse mutig grünt;

wie sich die Wolken über Žitomislić auflösen.

Und dann, wenn ich mit einem Gefühl freudiger Trauer die Gebeine der Märtyrermönche küsse, erscheint vor meinem Auge das Antlitz des heiligen Paters Pavle, wie er, gebückt und ergraut, den Gottesdienst an diesem warmen Maitag im Jahr 2005 feierte, an dem Žitomislić auferstanden ist. Ich erinnere mich auch an das Licht und die Freude, die uns überfluteten, und an Bischof Atanasije, der entzückt und glücklich erklärte, was dieses ungewöhnliche Wort Žitomislić bedeutet:

Žito (Weizen) – steht für Brot, und Christus ist das Brot des Lebens.

Misao (Gedanke) – steht für den Logos, und der Logos ist wiederum Christus, Gottes Sohn und Menschensohn, für uns gekreuzigt und auferstanden.

Daher scheint es mir immer, wenn ich das Kloster Žitomislić betrete, als träte ich an das Grab des Herrn; dieses einzige Grab, das Quelle des Lebens geworden ist, heller als jedes Kaisergemach. So ist auch Žitomislić. Es wartet und empfängt alle: diejenigen, die glauben, ebenso wie diejenigen, die nicht glauben; es bezeugt dabei unaufhörlich das Leiden und verkündet die Auferstehung.

Ostrog

In Ostrog war ich zum ersten Mal als kleiner Junge. Ich erinnere mich an viele Kurven, und dass mir im Bus schlecht wurde. Ich kann mich auch daran erinnern, dass ich einen raschelnden blauen Adidas-Trainingsanzug anhatte und dass im Bus nur ältere Leute und Frauen waren. Aber mehr als an all das erinnere ich mich daran, dass ich es, trotz all der Übelkeit von der Fahrt, am Ende außerordentlich schön fand.

Noch immer erinnere ich mich an die Frische der Luft, die mich streichelte und nährte. Ganz lebendig steht die merkwürdige Felswand vor meinen Augen, von der ich drei Steinchen mitnahm, die ich lange als Glücksbringer in der Hosentasche mit mir trug. Ich weiß auch, wann, wo und wie ich sie verloren habe und wie traurig ich deswegen war. Seitdem wage ich es kaum, die Gebetsketten, Kreuzchen und anderen Dinge, die für mich einen besonderen Wert haben, bei mir zu haben.

***

Nach vielen Jahren kam ich an einem Juni-Abend im Jahr 1992 zum zweiten Mal nach Ostrog. Um Mitternacht wurde ich zum Mönch geweiht, doch das, was diesem Ereignis vorausging, in den letzten Tagen unmittelbar vor der Mönchsweihe, bin ich nicht in der Lage zu beschreiben. Am nächsten Tag ging ich in das Obere Kloster, wo ich eine Zelle mit nur einem kleinen Fenster bekam. Ich kann mich noch erinnern, wie ich, eingeengt in diese zehn Quadratmeter und durch das Fensterchen schauend, in meinem Herzen ein ungewohntes Gefühl von Weite, Glück und Erleichterung hatte, das mich noch lange begleitete. Das Bild, das sich vor meinen Augen öffnete, wenn ich auf die Ostroger Seite schaute, kann ich auch nicht beschreiben. In meiner Seele spürte ich eine außergewöhnliche Stille, ähnlich der, die sich nach einem Sturm auf das Meer senkt. Ich dachte überhaupt nicht an mich, weder wer ich bin, noch ob ich bin, noch wie ich bin. Ich kann mich nur an einen Gedanken erinnern, vor dem ich schnell ausreißen wollte, der mir jedoch bis heute Freude und Sehnsucht geblieben ist. In mir kam ein Wunsch hoch, der auch in mir blieb, nämlich ein Vogel zu sein, der über diesem wunderbaren Tal schweben kann, ohne sich vor irgendetwas zu fürchten. Das ist, so glaube ich, das Wunderbarste, was Ostrog den Menschen bieten kann, und dessen sind wir uns oft nicht bewusst. Dieser Ort und alles dort erweckt den Wunsch nach dem Himmel, nach Höhe, nach Weite. Als ob alles, was da ist, sagen würde: »Fliegt, habt keine Angst, seid frei!«

Die Dinge entwickelten sich dann sehr schnell. Es war die Kriegszeit, und anstatt eines Gefühls von Freiheit und Sommer, anstatt des Duftes der Bergblumen herrschte nicht selten ein Gefühl, als ginge man mit Bleistiefeln durch einen Sumpf, im Geruch von Tod und Schießpulver. Zwischen diesen beiden entgegengesetzten Gefühlen bewegte sich auch meine unglückliche Seele, die etwas suchte und immer etwas anderes fand. Doch der gütige Gott sandte mich durch die Hand eines wunderbaren Bischofs einem erfahrenen geistlichen Kämpfer. Auf meinem geistlichen Weg begegnete ich damals dem Ostroger Vater Lazar. Auch über ihn kann ich, wie über so viele andere wichtige Dinge, die mein Leben dauerhaft geformt haben, weder schreiben noch sprechen. Er war einer der seltenen Menschen, die mit dem festen Glauben auf der Erde gingen, von der Erde zu kommen und mit ihr immer noch fest verbunden zu sein, die aber andererseits auch mit ganzem Herzen und ganzer Seele den Himmel berührten, sich zum Himmel hin streckten und sich an allem Guten und Sanften erfreuten. Diese wunderbare Freude, nicht vergleichbar mit den kurzlebigen Freuden unseres dürftigen Lebens, konnte man an seinem Lächeln spüren, das sich sehr selten zeigte. Aber wenn es geschah, öffnete sich uns der Himmel …

Vater Lazar war ein Mann, dem ich in der heiligen Beichte mein Herz öffnete. Zuerst beteten wir, dann setzte er sich hin und ließ mich reden. Und natürlich erzählte ich immer lang und breit. Ich wusste, dass ich ehrlich sein sollte und dass es keinen Grund gab, etwas zu verschweigen, aber ich redete um vieles herum, immer im Kreis, und erst mittendrin und nicht selten ganz am Ende sagte ich, was mich quälte. Doch er schwieg, und das war nicht nur einfach Schweigen, sondern er vertiefte sich vollkommen in das Wesen dessen, der vor ihm stand. Ich hatte den Eindruck, dass er alles hörte, alles erkannte und dass durch seine Seele ganz andere, gute Strömungen flossen, während aus mir ein Wortschwall strömte. Am Ende, als ich schließlich fertig war, winkte er nur sanft mit seiner riesigen Hand ab, mit einem halb freudigen, halb spöttischen Gesichtsausdruck – ein freundschaftlicher Ausdruck voller Liebe, als wollte er damit sagen: »Ach, lass das doch sein, das ist nichts, stehe auf und lebe weiter!« In diesem Augenblick dachte ich oft: »Oh Gott, warum sagt er mir nichts?«

Aber schon beim ersten Schritt, beim Hinausgehen aus seiner Zelle, fühlte ich mich leicht und frei, wie ein Vogel, der gleich auffliegt.

Bald danach, noch sehr jung, begann ich auch selbst, anderen in Ostrog die Beichte abzunehmen. Ich wehrte mich zuerst dagegen, aber man sagte mir, ich müsse es tun, die Umstände seien so. Bei dieser Gelegenheit will ich von den vielen traurigen und ganz wundervollen Beichten zwei beschreiben, die mich für mein ganzes Leben erschüttert haben. Ich schreibe darüber, weil mir scheint, dass sie auch euch, den Lesern dieser Aufzeichnungen, von Nutzen sein können, wie sie es für mich waren, dem sie sich unauslöschlich in die Seele eingeschrieben haben, wohl ohne meinen Willen.

Ich stand als Priester am Reliquienschrein des Heiligen Vasilije. Es war Herbst, Stille herrschte, niemand war da. Ich versuchte zu beten. Plötzlich stand vor mir, wie aus dem Boden gewachsen, eine junge Frau oder eher noch ein Mädchen, etwa sechzehn, siebzehn Jahre alt. Sie war ganz aufgelöst, ihr Gesicht von Verzweiflung gezeichnet, und sie stand nicht sicher auf den Beinen. Gleich an der Tür der Kapelle fing sie an zu sprechen und kam gerade auf mich zu: »Vater, mein Vater hat meinen Bruder umgebracht, ich habe es mit meinen eigenen Augen gesehen … Ich muss das jemandem erzählen … Jetzt sage ich es Ihnen!« In diesem Augenblick hielt sie schon meine Hände und zitterte am ganzen Leib. Ich beruhigte sie für einen Augenblick und sagte ihr, dass sie es dem Heiligen Vasilije erzählen solle, das sei am besten. Sie hörte auf mich. Als sie sich beruhigt hatte, sagte sie leise: »Mein Bruder war drogensüchtig, mein Vater hat es im Zorn getan. Ich habe nicht die Kraft, ihn anzuzeigen, er ist ja auch so schon unglücklich!« In meiner Brust spürte ich Schmerz und einen Druck, der mir den Atem nahm. Sie fragte mich ruhig, was sie tun solle. Ich weiß nicht, woher es kam und warum ich es tat, und auch nicht, ob es gut war, aber jedenfalls sagte ich ihr: »Wenn du deinen Bruder liebst, und du liebst ihn, dann lebe und sei gut!« Nach der Begegnung mit ihr hatte ich diesen Schmerz drei Tage in meiner Brust. Ich ging zu Vater Lazar und sagte ihm, dass ich keine Beichte mehr hören könne, dass ich schwach sei und keine Kraft habe. Er schaute mich von unten an und sagte leise: »Du musst etwas Furchtbares gehört haben, aber keine Sorge, das vergeht. Gott bereitet dich auf etwas vor, vor allem darauf, dass du das echte Leben kennenlernst.« Ich ging hinaus; der Schmerz in der Brust war spurlos verschwunden. Es blieben nur das Bild und die Geschichte, die ich gerade mit euch teile.

Und hier die zweite Erfahrung mit der Beichte, die ich mit euch teilen möchte:

Ein Herr, schon im siebten Lebensjahrzehnt, gutaussehend und mit vornehmer Haltung, kam auf mich zu und bat mich, ihm die Beichte abzunehmen. Ich war einverstanden, weil er mich von ganzem Herzen gebeten hatte. »Wissen Sie, Vater«, begann er leise, etwas aufgeregt, aber auch würdevoll, »ich bin homosexuell und bin schon ein Mann in Jahren. Ich habe eine Familie, eine Frau und Kinder, und ich kämpfe damit schon mein ganzes Leben, aber ich schaffe es nicht, damit fertigzuwerden.« Um das Schweigen zu unterbrechen, fragte ich ihn: »Haben Sie dieses Problem seit Ihrer Kindheit oder hat es sich später entwickelt?« Seine Antwort kam für mich vollkommen unerwartet: »Mich hat mein verstorbener unglücklicher Vater dazu gebracht.« Ich sammelte mich und sagte aufgrund von allem, was ich wusste und dachte, dass er in die Kirche gehen und beten solle, dass Gott gnädig sei, aber dass es an uns liege, zu kämpfen und uns zu bemühen, soweit wir es können.

Seither sind zwanzig Jahre vergangen; dieser Mann ist vor kurzem verstorben. Das alles hatte für mich nichts Überraschendes, außer einem Detail, das ich so nicht erwartet hatte. Denn zahlreiche Menschen teilten mir mit ungewöhnlicher Hochachtung und Liebe mit, dass jener wunderbare, stille Herr verstorben sei: »Oh Gott, wie gut war dieser Mann …« Ich schwieg und fragte mich, wie die Menschen denken und reden würden, wenn sie das Geheimnis wüssten, das ich kannte. Ich wusste nur, dass er jetzt dort war, wo die Wahrheit weilt und dass unser Richten anders ist als das Gericht Christi, das ein Gericht der Gerechtigkeit und Gnade ist.

Ball

Mein ganzes Leben ist mit Bällen verbunden. Soweit ich mich zurückerinnern kann, hatten Bälle für mich stets dieselbe magische Anziehungskraft. Ich weiß, dass das seltsam klingt, aber wartet mit eurem Urteil bis zum Ende der Geschichte. Ich frage mich, wie das gekommen ist und warum es so ist.

In unseren kleinen Ort, wo schon seit Ewigkeiten mit einem primitiven Woll- oder Filzball gespielt wurde, gelangte im Jahr 1960 ein echter, richtiger Fußball. Jemand namens Momir Pantić, ein ruhiger, friedlicher Mann, in nichts ungewöhnlich, Gastarbeiter in Deutschland, hatte ihn mitgebracht. Möge seine gute und arglose Seele in Frieden ruhen. In die Geschichte unseres Dorfes ist er als derjenige eingegangen, der den ersten richtigen Fußball mitgebracht hat. Man erzählt sich, dass die Jugendlichen mit dem neuen, echten Fußball einen ganzen Tag und eine ganze Nacht gespielt hätten. Ihre Mütter riefen nach ihnen, ihre Väter drohten ihnen nachdrücklich, aber alles war vergebens. Es ist in Erinnerung geblieben, dass ein wegen seiner Weisheit im Dorf bekannter Alter namens Zeko ein prophetisch wahres Wort gesprochen hat: »Ab heute wird nichts mehr so sein wie früher.«

Nur wenige Kinder hatten einen guten Ball. Wie das Schicksal es wollte, gehörte meistens gerade denjenigen einer, die ihn am wenigsten mochten. Und bei ihnen hat er auch am längsten gehalten. Wie oft habe ich mit einem Jungen verhandelt, uns seinen Ball zu geben! Ich habe ihn gebeten, angefleht, ihm alles versprochen. Er hatte kein Talent, aber er musste immer spielen, und nie stand er im Tor, obwohl wir ihn dort gerne gehabt hätten, oder am liebsten als Torpfosten. Es gab verschiedene Bälle, aus Gummi, aus Plastik, leichtere, schwerere, getupfte, die bei uns »Marienkäfer« hießen … Doch es war klar, was ein echter Fußball und was ein echter Basketball war. Wir spielten mit allen Bällen und unter allen Bedingungen, im Winter im Schnee, im Frühling im Schlamm, im Sommer auf dem Berg, und das zur Mittagszeit, bis zur völligen Erschöpfung.

Ich versuchte immer, auch einen Ball zu haben, bei jeder Gelegenheit. Wohin ich auch ging, trieb ich mit dem Fuß den Ball über den unebenen Weg, und den Basketball dribbelte ich fast bis zur Bewusstlosigkeit auf ebenen und unebenen Flächen. Wie viele verschiedene Bälle hatte ich in meinem Leben! Aufgeblasene, schlappe, pralle, harte. An alle kann ich mich erinnern. Ich erinnere mich an einen, der nur ein paar Minuten hielt, denn mit dem ersten Schuss traf ich eine scharfe Blechkante. Meine Mutter zerschnitt ihn mit einem Messer vor meinen Augen, die voll bitterer Tränen waren, in kleine Stücke. Aus pädagogischen Gründen. Ich kann mich an alle seine Farbtöne erinnern, aber er hat doch nur zwei Minuten gehalten. Von der endlosen Freude, die mir die Erkenntnis bereitet hat, dass meine Mutter einen Ball, und zwar für mich, gekauft hat, zur endlosen Trauer darüber, dass dieselbe Mutter diesem unglücklichen Ball den Garaus bereitet hat, weil ich nicht wie die anderen Kinder auf ihn aufpassen konnte. Und den einen, der uns den steilen Prislon-Abhang herunterrollte, haben wir nie mehr gefunden. Mein Bruder und ich suchten ihn tage- und wochenlang. Ein Nachbar, Dragan, dichtete gern allem eine Science-Fiction-Dimension an. So erzählte er uns von einem gewissen Koja, der im Sommer komme und eine Kamera mitbringe, die alles hier im Wald auf einmal aufnehmen könne. Wir haben lange vergebens auf Koja und seine Kamera gewartet, in der Hoffnung, so den verlorenen Ball wiederzufinden. Wie oft haben wir gedacht: »Ach, wenn wir jetzt unseren tollen Ball hätten!« Mit der Zeit wurde er immer großartiger und besser.

Jedenfalls haben wir uns beholfen, so gut es ging. Jede kurze Pause während der schweren Feldarbeit im Sommer nutzten wir, um den Ball zu schnappen und, wie erschöpft wir auch waren, damit zu spielen und uns noch mehr abzukämpfen, was mein Opa so kommentierte:

»Ihr habt doch den Feiertag und den Sonntag, um hinter dem Ball herzurennen, solange ihr wollt!«

Es half nichts, wir liefen ihm jeden Tag und zu jeder Stunde nach. Abends, todmüde, sogar nach der schwersten Arbeit, dem Mähen, rannten wir zur Kreuzung und spielten, bis wir nichts mehr sehen konnten. Und im Winter, wenn am Berg nicht viel gearbeitet wird, spielten wir im Schnee. Wir hatten unser festgestampftes Spielfeld, das manchmal zur Eisbahn wurde. Es half nichts, wir spielten. Aber uns hielt man für Muttersöhnchen: Unsere Väter haben die ganze Nacht unter einer riesigen Leuchte, die sie aus der Eisengießerei besorgt hatten, im Schnee gespielt, vor der Lesehalle, d.h. vor dem Kulturhaus, in dem es, nebenbei gesagt, keine Bücher, sondern nur eine Tischtennisplatte, einen Plattenspieler und Musik gab. Das Spielergebnis konnte in der Morgendämmerung auch mal 289 zu 287 lauten.

Wir spielten auch Tischtennis bis zur Erschöpfung. Die Regel lautete: »Der Sieger bleibt am Tisch«. Auch da war es natürlich am wichtigsten, mit echten guten Bällen zu spielen. Diese Bälle sind leicht und verlangen Fingerspitzengefühl, und dabei muss man sie mit ganzer Kraft schlagen oder mit einem genauen Gefühl für den Ball und den Raum, der klein und begrenzt ist, abwehren. Wir spielten auch Basketball. Zuerst mit Halbgummibällen, die sich so sehr abnutzen konnten, dass sie glatt wie abgefahrene Autoreifen aussahen. Das Brett war aus Holz, die Körbe waren gut, aber immer ein bisschen schief. Beim Basketball begriffen wir alle, wie wichtig Ballgefühl ist. Und alle haben eingeschätzt, ob jemand Ballgefühl hat oder nicht, je nachdem, ob und wie er Punkte machte. Beim Basketball hat der Ball den Status von lebender Materie. Das ist natürlich auch bei anderen Ballsportarten so, aber beim Basketball wohl am meisten, weil wir ihn in der Hand halten und das Ziel sehr komplex ist. Auch jetzt läuft mir ein Schauder durch die Hände, wenn ich daran denke, wie ich einen Basketball in den Händen halte.

Ich hatte auch mit anderen Bällen zu tun. Volleybälle sind sehr schön, und man braucht für sie ein perfektes Gefühl; Wasserbälle lassen sich an Land nicht benutzen, sind aber im Wasser am besten geeignet. Und natürlich Tennisbälle, die alle gernhaben, die man in der Hand spüren kann und muss, und auch über den Schläger. Unlängst habe ich auch den Rugbyball liebgewonnen. Wir spielten Rugby, oder jedenfalls das, was wir dafür hielten. Ein großartiger Sport und eine große Freude am Ball, der, wie in allen Teamsportarten, im Mittelpunkt steht. Hier ist, wie auch anderswo, der Raum wichtig. Auch der Baseball ist interessant.

Wie dem auch sei: Ich verliere den Ball nicht gerne. Ich mag es auch nicht, wenn unser Team oder unser Spieler den Ball verliert. Das ist ein sehr trauriges Gefühl. Aber ich mag es, und ich glaube, alle mögen es, den Ball zu bekommen. Dann ist es so, als ob man ein anderer oder etwas anderes wird, ein Schöpfer. Ein Mensch, der endlich das Schicksal in seinen Händen (oder Füßen) hält. Wenn man den Ball verliert, ist es, als ob man die schöpferische Kraft verliert. Deswegen ist ein Spieler glücklich, wenn er den Ball hat, und unglücklich, wenn er ihn nicht hat. Das Gefühl ist unbeschreiblich. Tooor! Korb! Punkt! Guter Pass! Das alles ist nur Ergebnis einer erlebten Gemeinschaft mit dem Ball. Und die Gemeinschaft mit dem Ball schließt auch die Gemeinschaft mit anderen ein. Es ist nicht das Ende der Welt, aber es ist traurig, wenn man alleine spielt, auch mit einem Ball. Wenn ich nur zu erklären vermöchte, worüber ich rede! Aus dieser Erfahrung heraus glaube ich, dass der Mensch seinem Schöpfer auch darin am ähnlichsten ist, dass er selbst schaffen, kreieren kann. Daher bin ich überzeugt, dass der Mensch nicht nur, wie es bekannt ist, *homo sapiens,* sondern gleichzeitig auch *homo ludens ist.* Ich wage daran zu erinnern, dass der Schöpfer aller Dinge und aller Galaxien alle Welten in der Form einer Kugel, eines Balls erschaffen hat, wie einige Heilige gesagt haben. Und schließlich leben wir auf einem Ball, werden beerdigt in einem Ball. Schon der weise Salomon und später der Heilige Gregor von Nazianz sprachen davon, wie Gott bei der Erschaffung der Welt spielte. Aber sein Spiel ist vollkommenes Schaffen und Kreieren zum Zwecke des Lebens der Welt.

Es ist nicht schwer, den Ball zu lieben. Er erweckt Freude, vielleicht deswegen, weil das Spiel mit dieser unendlichen Form, die wir Ball nennen, uns die Existenz einer unendlichen Freude in der Ewigkeit zwischen allen Welten, die wunderbarerweise wie Bälle geformt sind, vorankündigt und aufzeigt. Vielleicht ist dieses Spiel mit dem Ball und das Spiel überhaupt die Ankündigung der unendlichen Vollkommenheit in der Freude des ewigen Lebens. Leider bekommen die Kinder heute statt eines Balles Spielsachen von Krieg und Tod. Eigentlich sind im Vergleich mit einem echten Ballspiel alle Spielsachen nur bunte Lüge. Als würde man damit das Lächeln aus ihren Gesichtern stehlen und sie aller Schaffensfreude berauben. Gebt eurem Kind einen Ball, dann bleibt genügend Zeit für alles andere, wenn das Kind es erst gelernt hat, sich am schönen Spiel zu erfreuen. Das kann sein Leben viel schöner machen, weil es als Erwachsener vielen traurigen Dingen begegnen wird. Dann wird die Erinnerung an die Momente des Spiels mit dem Ball und der Freuden, die daraus entstanden sind, kostbar sein.

Auch heute noch, als anscheinend reifer Mann, will ich immer, wenn ich einen Ball sehe, ihn nehmen, ihn berühren. Auf dem Markt bei uns in Trebinje spielen die Kinder oft Fußball. Wenn ich komme, schießen sie den Ball zu mir. Ich passe ihn aber zurück, damit sie es mir nicht übelnehmen. Ich versuche immer etwas auszuführen, einen Balltrick, manchmal gelingt es mir auch. Was erwacht da plötzlich in mir, wenn ich einen Ball sehe, und warum kann ich seit meiner Kindheit bis heute – und ich bin achtundvierzig Jahre alt – zu keinem Ball *nein* sagen? Was für eine Macht hat der Ball, woher kommt sie? Was für ein Geheimnis versteckt sich in dieser Form? Vielleicht die Unendlichkeit. Die Unendlichkeit der Möglichkeiten. Vielleicht das Spiel. Vielleicht ein Gefühl. Gott weiß es. Ich weiß nur, dass ich einem Ball immer noch nicht widerstehen kann.

***

Und noch etwas. Wir sollen uns nicht über unsere Spieler ärgern, wenn sie gegen andere Mannschaften verlieren, denn Ball ist Ball und er gehört allen. Er lehrt uns etwas, wenn wir verlieren und wenn wir gewinnen, das Spiel oder den Ball. Nur die Spieler, die gelernt haben, den Mitspieler zu lieben (das ist nicht leicht, aber notwendig) und den Gegner zu achten (was noch schwerer ist, aber bedeutsam), nur die erwerben sich den Siegerkranz.

Lachen

Ob das Lachen so alt ist wie die Sünde? Das Auslachen ist es sicher, glaube ich, aber das echte und aufrichtige Lachen ist es hoffentlich nicht. Ich mag Menschen, die herzhaft lachen. Ich fürchte diejenigen, die überhaupt nicht lachen. Auch die, deren Lachen wie Auslachen ist. Ich beschreibe hier drei Begebenheiten, bei denen mein Lachen ganz ehrlich und überraschend, unerwartet gewesen ist. Ich glaube, jeder hatte ähnliche Erlebnisse in seinem Leben.

***

Einmal bat ich einen Freund, ihn ein paar Tage auf seiner Stelle als Gehilfe des Priesters vertreten zu dürfen, um mir etwas nebenher zu verdienen. Ich bekam von Pfarrer Marko ein Verzeichnis der Gemeindemitglieder, denen ich seinen Besuch anmelden sollte. Ich ging der Reihe nach vor, rief die Nummern an, als sich eine ältere Dame meldete.

»Guten Tag, ich bin der Gehilfe Ihres Pfarrers, wir würden gerne morgen zwischen zehn und elf Uhr vormittags zu Ihnen kommen, wenn Sie Zeit haben.«

»Natürlich, wunderbar, kommen Sie, ich bin schon in die Jahre gekommen, wissen Sie, und bin ständig zu Hause«, antwortete die freundliche ältere Dame.

Um halb zehn war ich vor dem Pfarrheim der Maria-Schutz-Kirche. Vater Marko, hochgewachsen, kam mit ernster Miene heraus, wünschte nicht einmal einen guten Tag, sondern kam gleich zur Sache:

»Du bist also der Schlaumeier, komm, lass uns sehen, wie du dich in der Gemeinde machst, im echten Leben. Wohin gehen wir?«, krächzte er mit seinem tiefen Bass.

»Zu Frau Sowieso«, stieß ich schnell hervor.

Während wir die Stufen des alten Hauses hinaufstiegen, ertönte lautes Hundegebell.

Wir klingelten, die alte Dame öffnete, sie kämpfte mit einem Riesenhund und antwortete:

»Mooomeeent!«

Endlich öffnete sie die Tür; den Hund hatte sie im Bad eingeschlossen. Auf dem Tisch war alles vorbereitet. Wir begannen mit dem Gesang. Die Dame stand hinter uns. Der Hund horchte einen Augenblick auf das, was geschah, und als wir zu singen anfingen, bellte er aus voller Kehle. Der alten Dame war es unangenehm; sie versuchte den Hund zu beruhigen und ging einige Schritte nach hinten in den Flur. Vater Marko sang, als ob alles in Ordnung wäre, und ich begleitete ihn. Dann rief sie laut und flehentlich:

»Marko, hör endlich auf, warum bist du so böse?«

Mit meinem Singen war es vorbei. Ich erstickte fast vor Lachen. Vater Marko sang ganz ruhig weiter, die Frau flehte den anderen Marko an, mit seinem Gebell aufzuhören. Der Hund wurde kurz leiser, ich wischte mir die Tränen ab, dann bellte er wieder, die Frau beruhigte ihn und sprach ihn erneut mit seinem Namen an. Ich dachte, ich müsste vor Lachen sterben. Als endlich alles fertig war, bat die Frau Vater Marko, der ganz ernst und ruhig geblieben war, den Hund Marko aus dem Bad herauslassen zu dürfen, denn er würde sich ansonsten nicht beruhigen. Der große Hund erschien, beschnupperte zuerst mich und ging dann zu Vater Marko, der sich langsam umwandte und ihn begrüßte:

»Wie geht's, Namensvetter?«

Mich aber schaute Vater Marko nur mit einem milden Tadel an und sagte:

»Und mir hat man gesagt, dass du ein ernsthafter Junge bist!«

***

Der Krieg hatte angefangen. In Belgrad dauerten die Demonstrationen an, von allen Seiten hörten wir von Tod und Verwundung, von Flüchtlingen und Brandstiftung. Ich war von Belgrad ins Kloster Tvrdoš in der Stadt Trebinje umgezogen und wurde am Festtag Verklärung Christi 1992 zum Priester geweiht. Das Volk war, und das ist nicht übertrieben, nur zur Hälfte getauft. Wir tauften Erwachsene fast täglich, an den großen Feiertagen zu Dutzenden, ja sogar zu Hunderten. Tage von Stille und Ruhe waren selten. Gerade an einem solchen ruhigen Nachmittag saß ich unter einer Weinlaube. Ich hörte, dass Menschen kamen, sie sprachen leise. Als sie mich sahen, kamen sie auf mich zu.

»Grüß Gott, Vater!«, sagten sie.

»Gott zum Gruße! Was habt ihr Gutes, Leute?«

»Wir sind gekommen, um uns taufen zu lassen«, antworteten sie.

»Ja, so geht das nicht«, sagte ich. »Ich taufe niemanden ohne Vorbereitung und ohne Wissen über den Glauben.«

Ich war fest entschlossen.

»Gut!«, sagten sie. »Wir gehen morgen in eine schwere Kriegsoperation, und wenn wir umkommen, bist du es gewesen, der uns nicht taufen wollte.«

Ihre Worte entwaffneten mich sofort. Ich gab nach, und schon einige Augenblicke später brachte ich sie zum Fluss, der Trebišnjica. Niemand war in der Nähe, absolute Stille, nur ein Chor von Grillen sang mit aller Kraft eine Ode an die unglaubliche Hitze. Das war meine erste selbstständige Taufe. Wir hielten am Fluss, zwei stattliche Montenegriner und ich. Auf dem Weg predigte ich und erklärte ihnen den kleinen Katechismus. Es schien mir, dass sie jedes Wort gierig aufsaugten. Alles, was ich ihnen sagte, führten sie wie auf Kommando aus. Es waren gesunde, kräftige Männer. »Gott, lass sie nicht umkommen, sondern lebendig zu ihren Lieben zurückkehren«, dachte ich. Bis jetzt erfasst mich Freude, wenn Getaufte nach Hause zurückkehren. Die Worte des Gebets flossen leise und ruhig, wie die Trebišnjica unterhalb von Tvrdoš fließt. Alles ging so, wie es sein sollte. In einem Moment bat ich sie, wie das bei der Taufe üblich ist, sich nach Westen zu wenden. Sie drehten sich ruhig und gehorsam um. Ich fuhr fort:

»Entsagt ihr dem Teufel?« Sie riefen klar und laut: »Wir entsagen!«

Das wiederholten wir drei Mal. Nach dieser dreifachen Entsagung sagte ich ihnen, sie sollten auf die Sünde, auf den Tod und auf den Teufel spucken. Das letzte Wort betonte ich besonders und zeigte auf die Stelle, wohin man auf den Teufel spucken sollte. Einer von ihnen spuckte tatsächlich aus und fügte hinzu:

»Pfui, scher dich zum Teufel, du Teufel!«

Danach konnte ich mich kaum halten, ich erstickte innerlich fast an meinem Lachen. Sie aber blieben bis zum Ende ernsthaft und waren sehr dankbar. Wir tranken auch Wein. Danach gingen sie und ich habe sie nie mehr wiedergesehen. Ich weiß nicht, ob sie den Krieg überlebt haben, ich hoffe es sehr. Ich muss immer still lächeln, wenn ich an sie denke.

***

Im Kriegsjahr 1994 unternahmen wir eine Pilgerfahrt zum Heiligen Berg Athos. Wir, das waren ein guter alter Mann, ein guter Freund, ein trauriger Mann und ich. Als wir uns eingeschifft hatten, saß der traurige Mann ganz gebeugt da, bemüht, sich seinen Kummer nicht anmerken zu lassen. Das gelang ihm aber nicht. Jeder Versuch wurde unerbittlich zunichte gemacht – er konnte sein Leid nicht verbergen. Er war müde, und der Schlaf übermannte ihn schon auf dem Schiff. Dieser Schlaf sollte ihn im Laufe der ganzen Reise begleiten, als Schicksal, Trost oder Heilmittel. Er schlief bei allen Gelegenheiten ein, doch Gelegenheit, auf dem Heiligen Berg zu schlafen, gibt es nicht oft. Dort ist die Nacht nämlich die Zeit des Gebets und der Fülle des Lebens.

Unser guter alter Mann nutzte jeden Augenblick, um das Leben des Heiligen Berges einzuatmen. Nachts gingen wir zur Vigil, und tagsüber reisten wir über den Heiligen Berg und sprachen mit den heiligen Menschen. Den traurigen Mann schauten alle mit tiefem Mitgefühl und Mitleid an. Ich weiß nicht, wie er sich fühlte, aber uns war es nicht egal. Inmitten von all der Herrlichkeit fanden mein Freund und ich uns in einer ungewöhnlichen Versuchung: Das Lachen übermannte uns. Wo auch immer wir saßen: Alle machten ihre Ohren und Augen weit auf, um weise Worte zu hören, und wir sahen den traurigen Mann, wie er im tiefsten Schlaf auf seinem Stuhl schwankte. In einer Atmosphäre größter Ernsthaftigkeit überkam uns das schlimmste Lachen, das einem Menschen widerfahren kann. Wir quälten uns, wir bemühten uns, aber es half nichts.

Der gute alte Mann bemerkte alles, aber er wollte uns nicht ermahnen. Der traurige Mann bemerkte es auch. Um aus der Sache herauszukommen, gab ich ihm einen Teil der Schuld:

»Wasche dich, Bruder, tu etwas, wir ersticken vor Lachen.«

Auch beim nächsten Mal schlief er ein. sobald wir uns gesetzt hatten. Er schwankte, und wir wagten gar nicht hinzusehen. Wir kniffen uns, bissen uns auf die Lippen, beteten, aber es half nichts. Der traurige Mann öffnete plötzlich die Augen, schaute mich an und erinnerte sich an meinen Rat, sich zu waschen. Er stand sofort auf und ging, um sich zu waschen, aber er ging in die verkehrte Richtung, dorthin, wo es keine Türen gab. Wir konnten uns das Lachen nicht mehr verkneifen, standen auf und führten ihn ins Badezimmer.

Am Ende kamen wir im serbischen Athos-Kloster Hilandar an. Der gute alte Mann wurde in einem Raum untergebracht, der für angesehene Gäste bestimmt war, und wir drei gemeinsam in einem Zimmer. Bald sollte es hell werden. Der Mann, der uns ins Zimmer gebracht hatte, zündete das Feuer an. Aus dem Ofen qualmte es. Das letzte, woran ich mich erinnere, war, dass ich nicht mehr atmen und mich nicht mehr bewegen konnte. Mein Freund und ich waren schon ohnmächtig, als uns der traurige Mann weckte. Der Sauerstoff, der aus den offenen Fenstern und Türen hereinströmte, war unsere Rettung. Den traurigen Mann hatte wie uns Benommenheit ergriffen, aber er verstand, dass wir am Ersticken waren, kroch zur Tür, öffnete sie, und als er Luft bekam, riss er auch die Fenster auf und weckte uns, die wir schon ohne Besinnung dort lagen, schüttelte ängstlich unsere Köpfe und rief uns beim Namen. Er hat uns das Leben gerettet, uns, die wir ihn die ganzen sieben Tage unserer Pilgerfahrt ausgelacht hatten, und zwar deshalb, weil er immer schlief.

Als wir ausgeruht waren, gingen wir zum Hafen, zurück in die Welt, mit einer Erfahrung, die man nicht vergisst. Wir waren wieder auf dem Schiff, ermüdet und ein wenig gedämpft wegen der Gefahr, in der wir uns in der vergangenen Nacht befunden hatten. Der traurige Mann schaute uns freundschaftlich und mit sanftem Lächeln an, glücklich, dass wir lebten. Da erinnerte ich mich an Vater Justin Popović, der uns in der Grabrede für seinen Freund Branislav Nušić an dessen menschenliebende Worte erinnert hat: »Liebt den Menschen in seiner Sünde und in seinem Lachen.«

Das Lachen hat eine ungewöhnliche Macht, es offenbart jede Unehrlichkeit. Im menschlichen Lachen gibt es auch ein Körnchen Trauer, denn keiner von uns ist ganz frei von Lüge, Sünde und Tod. Daher lässt sich der Grad unserer Freiheit auch an der Ehrlichkeit unseres Lächelns, unseres Lachens messen.

Die steinerne Träne

Für Erzpriester Stevan Pravica (1854–1925)
und für die Serben aus Trebinje, die am
12. August 1914 umgekommen sind

Bijelač ist ein typisches Dorf des Waldes um Trebinje, nicht groß, mit gerade zehn einfachen, ebenerdigen Häusern. Die Häuser sind aus Stein, mit breiten Terrassen und einem weinbedeckten Vordach, das in den drückend heißen Sommertagen einen angenehmen Schatten bietet. Wie die anderen Dörfer in dieser Gegend wurde auch Bijelač auf einer geräumigen Lichtung erbaut, die sorgfältig ausgesucht war, wo die Erde ergiebig und fruchtbar ist, nah an der Trebišnjica. Die Anwesen sind durch krumme, teils gepflasterte Wege verbunden, eingefasst von Steinmäuerchen oder wildem Gestrüpp. Um die Häuser liegen Gärten und Obstwiesen. Wege und Häuser, Äcker und Gärten, Scheunen und Ställe, alles verschmilzt mit einer von Gottes Hand erschaffenen Landschaft, als sei es seit der Entstehung der Welt dort.

Die Bewohner dieser Gegend sind hell und aufgeweckt, anstellig und arbeitsam, aber auch von Grund auf misstrauisch. Mit harter Arbeit haben sie das erreicht, was sie zum Leben brauchen – Käse, Honig, Tabak und Wein. Was sie angebaut und produziert haben, war fast makellos in Geschmack und Aroma, hergestellt nach Rezepten und mit Geschick, das von Generation zu Generation überliefert war. So war das jahrhundertelang.

Das wichtigste Handelszentrum für dieses Gebiet war Dubrovnik, und so wurden die Einwohner von Bijelača, wie fast das ganze Hinterland von Dubrovnik, mit der Zeit erfolgreiche Händler. Wein von besonderem und vollmundigem Geschmack und reiner Tabak machten den Fleiß offenkundig, mit dem sie ihr ganzes Leben arbeiteten. Sie waren patriarchalisch erzogen, im christlichen Geist und lebten in der Nähe dreier alter Klöster – Tvrdoš, Zavala und Duži.

In eine solche christliche Handelsfamilie wurde Stevan Pravica geboren, in jeder Hinsicht ein Sohn dieses karstigen Landes und seiner besonderen Mentalität. Seit seiner Geburt begleitete ihn das Schicksal des Volkes, dem er angehörte – Aufruhr, Aufstände, Vertreibung und Armut. Er wurde zu der Zeit geboren, als der Rebellenführer Luka Vukalović in der Herzegowina einen Aufstand gegen die Türken organisierte. Seine Eltern hatten ihn als Kleinkind bis nach dem Aufstand, den Vukalović 1857 begann, bei Verwandten und Freunden in Dubrovnik untergebracht.

So wuchs Stevan in Dubrovnik auf, inmitten wunderschöner Steingebäude, ungewöhnlich schöner Kirchen und der stattlichen und uneinnehmbaren Mauern des alten Ragusa. Doch den größten Eindruck hinterließen bei dem wachen Jungen die Menschen, die Herren und Damen und auch seine Onkel, die Händler waren, sowie der Priester Georgije Nikolajević, der täglich zu ihnen nach Hause kam. Er war beeindruckt von der Gestalt und Güte des damals angesehensten Einwohners Dubrovniks, Medo Pucić, des Vaters und Beschützers der Armen und Waisen aus der Herzegowina, besonders der Kinder. Mit wachem Blick sah er zu, wie Vlaho Bukovac die Damen aus den besten Kaufmannsfamilien ablichtete, er verschlang die Verse des gleichaltrigen Ivo Vojnović, er ging ins Theater. Mit seiner besonderen Klugheit sowie der Liebe zum Buch und dem Priesterberuf zeichnete er sich bald vor seinen Altersgenossen aus.

Als der einflussreiche Gelehrte Nićifor Dučić von ihm hörte, lud er ihn nach Belgrad zum Studium der Theologie ein. Stevan gelangte zu der Jahreszeit nach Belgrad, wenn diese helle, weiße Stadt am schönsten ist, im April. Die Sonne schien durch die frisch belaubten Baumkronen, die lange Schatten auf das Belgrader Pflaster warfen. An den verschieden gekleideten Passanten und der Architektur ließ sich erkennen, dass die Stadt zum Teil türkisch, zum Teil europäisch war.

Am meisten beeindruckt war Stevan von den bewaldeten Hügeln und den zwei großen Flüssen, die Belgrad leise umarmten. Die Stadt an Save und Donau, nicht so wohlgeordnet wie Dubrovnik, auch nicht so warm wie das kleine Trebinje, war jedoch einladend und vertraut. Hier konnte er mit vollen Lungen atmen, und alles roch nach Freiheit. Ungeduldig wartete er darauf, seine Ausbildung fortzusetzen, weil er glaubte, dass er so den Seinen am besten helfen könnte, die für ein Leben in Freiheit kämpften.

Es war offensichtlich, dass die Türken langsam ihre Sachen packten und bald verschwinden würden, und man merkte die immer größere Zahl europäischer Herrschaften. Stevan spürte, dass Belgrad tatsächlich die wirkliche serbische Hauptstadt werden sollte. Obwohl ihn in dieser Stadt vieles anzog und sein Herz öffnete, erinnerte er sich immer daran, dass er dort war, um so viel wie möglich zu lernen, damit er in den Süden zurückkehren und sein Wissen an andere weitergeben könne. Zu dieser Zeit ergriff ihn eine echte Begeisterung für die Aufklärung.

Obgleich er seine Kindheit im vornehmen Dubrovnik verbracht hatte, hinterließ das damalige Belgrad eine unauslöschliche Spur in ihm. In den schwersten Momenten seines Lebens erinnerte er sich mit Wärme an seine Spaziergänge mit dem vornehmen Nićifor Dučić vom Kalemegdan zum Terazije-Platz. Es blieb ihm dauerhaft in Erinnerung, mit welchem Enthusiasmus dieser bedeutende Mann aus der Herzegowina über die Gründung und die Bedeutung einer Serbischen Königlichen Akademie sprach, über die Wichtigkeit des Dienstes an der Serbischen Orthodoxen Kirche, und überhaupt über die Zukunft dieses Volkes, von dem man in Europa bereits dachte, es würde die türkische Knechtschaft nicht überleben. Stevan merkte damals nicht, wie sehr sich der Enthusiasmus von Dučić auch in seine Seele einnistete und was das für sein zukünftiges Leben bedeuten würde.

Nićifor war sein Vorbild und Lehrer, jeder Bewunderung wert. Aufrecht wie ein Pfeil, scharfen Blickes und mit breiten Schultern, glich er gleichzeitig einem spartanischen Helden und einem griechischen Weisen. Der junge Schüler wagte oft nicht zu sprechen. Nur manchmal fragte er etwas:

»Entschuldigen Sie, Vater Archimandrit, warum haben Sie es abgelehnt, Bischof zu werden, als man Sie zum Bischof von Žiča gewählt hat?«

Nićifor berührte ihn mit der Hand, deren unterdrückte Kraft zu spüren war, und durchbohrte ihn mit scharfem Blick. Im nächsten Moment hörte der Junge die sanfte Stimme voller Schwermut:

»Mein Sohn, diese Hand hat einen Säbel gehalten und mit ihm Menschen den Hals durchgeschnitten.«

Die Antwort war klar. Dann aber begann wieder das Gespräch über die Zukunft, und immer stand am Ende dieselbe Botschaft:

»Deine Aufgabe ist es, junger Mann, dass du gut ausgebildet in unser Trebinje zurückkehrst und dort eine Schule gründest.«

Der Junge nahm das mit Begeisterung auf, ohne im Traum zu ahnen, welche Qualen und Hindernisse ihn auf diesem Weg erwarten würden. Einmal wagte er es, Nićifor zu fragen, ob die Geschichte wahr sei, wonach er die Leibgarde des montenegrinischen Fürsten in Cetinje bloßgestellt habe, indem er den Säbel in einen Baumstumpf gestoßen und gesagt habe, dass der, der ihn herausziehen könne, ein größerer Held als er sei. Da sah Stevan das einzige Mal ein sanftes Lächeln auf dem Gesicht dieses ungewöhnlichen Herzegowiners.

»Das ist ein bisschen übertrieben, aber ja, so etwas Ähnliches ist geschehen. Aber ich habe mich dann schnell zurückgezogen, damit wegen dieser Kinderei kein Bruderblut fließt. Denke dran, mein Sohn, wir Herzegowiner sind wie unsere montenegrinischen Brüder, sie sind nur etwas aufbrausender. In uns fließt das gleiche Blut; wir müssen sie immer brüderlich lieben und dürfen nicht mit ihnen wetteifern, denn sie geben nie nach«, sagte der Archimandrit und richtete seinen Blick in die Ferne.

Als er die Schule mit den besten Noten abgeschlossen hatte, kam Stevan zu seinem Mentor Nićifor Dučić, um ihm zu berichten, dass er für die Mission der Bildung seiner Landsleute bereit sei, die dieser ihm schon lange zugedacht hatte. Die kräftigen Hände legten sich noch einmal auf Stevans breite herzegowinische Schultern. Sie blickten sich wortlos in die Augen. Es folgte ein letzter Rat:

»Unterrichte die Jungen und Mädchen, ehre die Alten, und liebe die Kirche und Serbien!«

Nach der Rückkehr nach Trebinje setzte die österreichisch-ungarische Regierung Stevan Pravica als einen für seine Zeit ungewöhnlich gebildeten Menschen im Zolldienst an der Grenze zwischen Trebinje und Dubrovnik ein. Das dauerte nur ein Jahr, weil sich herausstellte, dass Stevan proserbisch eingestellt war, was die Regierung nicht befördern wollte. Unter besonders schweren Umständen begann er, die erste Grundschule in Trebinje zu gründen. Erst kurz zuvor hatte eine einklassige Schule im Kloster Duži die Arbeit aufgenommen, wo Mitar Pantić Lehrer war.

Genau zu dieser Zeit wurden durch fast übermenschliche Anstrengungen der damaligen Priester, namhafter Bürger und gläubiger Menschen in Trebinje auch die große Domkirche und daneben ein Gebäude für eine kirchliche Schule gebaut. Die Kirche sieht auch heute noch prächtig aus. Mit welcher Liebe und Hingabe sie gebaut wurde, zeigt am besten die Überlieferung, wonach die Maurer so hungrig waren, dass sie sich Steine hinter den Gürtel steckten, um den Bauch nach hinten zu drücken und den Hunger nicht zu spüren. Dennoch haben sie die Arbeit fortgesetzt, und ihre Tagesleistung war ihr Beitrag für den Kirchenbau.

Als er ihren Willen sah, wagte auch Stevan mit der Schule zu beginnen. Die Not war umso größer, als ihn das mächtige Österreich-Ungarn ignorierte, sodass jede finanzielle Unterstützung vom Kaiserreich ausblieb. Im Schuljahr 1880/1881 fasste Stevan ungeachtet der Schwierigkeiten den Mut, in die serbisch-orthodoxe Grundschule vierundvierzig Schüler aufzunehmen, dreißig Jungen und vierzehn Mädchen. Unter den Erstklässlern war auch Jovo, Sohn des verstorbenen Andrija Dučić aus Rupjel, eingeschrieben unter der Nummer 19. Der junge Lehrer Stevan konnte nicht ahnen, dass in seiner Klasse künftige Ärzte, Professoren, Dichter, Stifter und Wissenschaftler saßen. Die Schüler sahen ihn mit weit aufgerissenen klaren Augen an, mit heißem Herzen und mit dem Wunsch, im Leben erfolgreich zu sein.

Langsam und mit viel Mühe, aber auch mit Hoffnung und Glauben ist der Bau der Kirche und der Schule vorangekommen, und ebenso machten auch das Wissen und die Freude bei den Schülern und ihrem Lehrer Fortschritte. Aber die Lebensverhältnisse waren unbarmherzig. Wenn der Lehrer nach Hause kam, fand er seine Frau traurig vor, die alles erduldete, ertrug und hoffte. Die Armut aber konnte sie nicht ertragen, und auch nicht, dass sie als Ehefrau des Herrn Lehrers nichts zum Anziehen hatte, um in die Stadt zu gehen. So saßen sie oft eng umschlungen, in dem Glauben, dass so der Hunger vergehen werde. Sie fassten alles Mögliche ins Auge, nur dachte er nie daran, seine Arbeit als Lehrer aufzugeben. Viele hatten ihm zugeredet, dass er so seine Sorgen loswerden könnte, denn wegen der Schule, der er sich gewidmet hatte, gab es für ihn auch im Staatsdienst keinen Platz.

Von diesem Opfer des Lehrers erfuhr auch Metropolit Serafim Petrović in Mostar, der kein schlechtes Verhältnis zu Österreich hatte – ihn hätte die türkische Regierung fast das Leben gekostet. 1890 stellte Serafim Stevan als seinen Sekretär in Mostar ein, kurz darauf als Diakon. Mostar war für ihn eine andere Welt, schön und anziehend zugleich, rätselhaft und unfassbar. Hier lernte er ungewöhnliche Serben kennen, Herrschaften, die Häuser und Geschäfte in Triest besaßen. Sie sprachen Italienisch und Deutsch, sie kleideten sich europäisch. Sie hatten Theater und Vereine, es waren Menschen mit klarem Interesse an Kultur. Er begegnete vornehmen und geselligen Muslimen, die zu Christen wie zu ihrer eigenen Familie waren. Und Kroaten, die klar in der Minderzahl waren, die aber auf ihre eigene Art zu dieser Entwicklung standen. Alles schien ihm unglaublich – eine Befürchtung durchzog ihn, die langsam, aber sicher zu Angst und Misstrauen wurde. Er gewann den Eindruck, dass den Österreichern die Eintracht und Freundschaft zwischen den verschiedenen Völkern und Glaubensrichtungen in Mostar überhaupt nicht gefiel. Merkwürdig, dachte er, sie sind doch wohl nicht auch so wie die Türken. Während der Arbeit legte er manchmal seinen Bleistift nachdenklich beiseite, voller Unruhe und Angst wegen des Elends und Leids, die unter Brüdern entflammen können, wenn der Feind das wünscht. Er wagte es, seine Sorgen mit dem Metropoliten zu teilen, der ihm in beruhigenden Worten antwortete, dass das unmöglich sei. Dem Metropoliten gelang es aber nicht, seinen Gehilfen und Mitarbeiter letztlich zu überzeugen.

Dann folgte Stevans Rückkehr nach Trebinje und ein dreiunddreißigjähriges Wirken als Priester. Priester in Trebinje zu sein war wegen der besonderen Mentalität und des eingefleischten Misstrauens der dortigen Menschen eine wahre Herausforderung. Vom Priester erwartete man, dass er Soldat und Anführer, Geistlicher und Lehrer war; dass er gewohnt sein müsse, geliebt und beschimpft, verehrt und getadelt zu werden, aber dass er auch Verantwortung und Sorge nicht nur für die geistlichen Bedürfnisse des Volkes trüge, sondern auch für alles andere, was auf Erden und im Leben geschieht.

Der Priester war damals wie heute ein Ehrenmann, der in nichts besser oder schlechter als die anderen sein durfte – klug und gebildet, aber nicht überheblich; offen und zuvorkommend, aber gleichzeitig mutig und entschieden. Er sollte mit dem Volk leben, sich aber in Wort und Tat immer gemäßigt zeigen. Das war nicht einfach, aber wer das durchhielt, war bei allen geehrt und geschätzt, und er wurde niemals allein gelassen. Mit der Zeit wurde er einer der ihren, ein Mann des Volkes, und das Volk, dem er angehörte, wurde zu dem seinen. Sie verteidigten ihn vor anderen, aber untereinander haben sie stets ein bisschen über ihn gelästert, geschimpft, ihn analysiert und beobachtet. Der Priester war für sie Autorität und Diener; sie wussten, dass er glaubt, auf Gott hört und Gott dient. So erklärt es sich, dass die Geistlichen in diesem Gebiet Aufständische, Lehrer und Aufklärer waren, die im Guten und im Schlechten zu ihrer Herde standen, von denen sie sich nicht einmal durch ihre Kleidung unterschieden. Den Talar trugen sie nur bei feierlichen Anlässen, ansonsten gewöhnliche Kleidung. Sie waren ebenso arm und reich wie das Volk, mit dem sie lebten.

Der Überlebenskampf des Volkes und die Sorge ums nackte Leben, durchzogen vom starken Willen zur Bewahrung und zum Ausbau der christlichen und serbischen Identität, hatte in alledem einen einzigen durchlaufenden Faden: die Kirche und den orthodoxen Glauben. Hier und dort gab es im Volk Böswillige, Lästerer, Verleumder, Misanthropen und andere Schwächen, weil die Menschen wegen der erfolglosen Aufstände und ihrer vernichtenden Folgen enttäuscht waren. Priester Stevan tadelte die Mutlosen, ermutigte die Verängstigten, überführte die Lügner. Doch sein größter Trost lag in Gott und jenen wunderbaren Menschen, von ritterlicher Gesinnung, großgewachsen, ruhig, bescheiden und klug, wahre Familienoberhäupter, von denen es in dieser Gegend in jedem Ort wenigstens zwei oder drei gab. Ihre Gespräche waren voll leiser Vornehmheit, angemessen, freundschaftlich, kulturell, christlich, geprägt von Liebe und einem klugen Optimismus, von Glauben und Hoffnung auf eine bessere Zukunft. Selten sprach man den Gedanken aus, dass man die Türken aus dem Land geschafft habe und es so auch mit den neuen Besatzern halten werde, und dieser Gedanke brachte ein Lächeln auf ihre sanftmütigen Gesichter.

Dann aber kam das verhängnisvolle Jahr 1914 und das Attentat in Sarajevo. Den österreichischen Thronfolger brachte Gavrilo Princip um, der zur Organisation »Junges Bosnien« gehörte, ein junger Mann, mutig und aufbrausend. Wer ihn und seine Freunde zu dieser Art angespornt hat, ist bis zum heutigen Tage ein Rätsel. Bekanntlich kam es nach diesem Attentat zu beispielloser Verfolgung von Serben in ganz Bosnien und Herzegowina, so auch in Trebinje. Raub, Brandstiftung, Erniedrigung und schließlich Kriegsgericht und Hinrichtung von Menschen. Obwohl es wie die spontane Revolte einiger Kroaten und Muslime mit Hilfe der österreichischen Behörden in den Städten aussah, zeigte sich bald, dass nichts spontan war. Als Priester Stevan vom Vorhaben hörte, die Häuser in Trebinje anzuzünden und die Geschäfte zu plündern, ging er mit dem Hirtenstock in der Hand zum österreichischen Statthalter Braun und verlangte von ihm mit klaren Worten, die Gewalt zu verhindern, oder es werde schlimm ausgehen. Obwohl der genannte Statthalter ihn weder mochte noch achtete, ihn sogar oft ausgetrickst und gegen ihn gewirkt hatte, war diese Intervention des Priesters erfolgreich. In Trebinje geschah nicht das, was sich in Sarajevo und anderen Städten ereignet hatte.

Das war aber des Unglücks nicht genug. Es geschah viel Schlimmeres, es wurden Standgerichte eingeführt. Neunundsiebzig der besten Menschen aus Trebinje und Umgebung, unter ihnen auch vier Frauen, wurden vor das Gericht gestellt.

Es waren vor allem diese Menschen, die Hilfe, Stütze und Trost des Priesters gewesen waren. Alle wurden zum Tod durch Erhängen verurteilt. Und der österreichische Statthalter von Trebinje befahl dem Priester, dass er ihnen die Beichte abnehme, als wolle er dadurch seine Boshaftigkeit noch mehr unter Beweis stellen.

Stevan spürte, dass schicksalhafte Stunden nahten, aber er hoffte, dass es nicht dazu kommen würde. Er hörte seine Freunde und sah sie, wie sie ruhig, mit brüchiger Stimme beichteten. Ihre ganze Beichte passte in die wenigen Worte:

»Ich habe gesündigt, Vater, Gott verzeihe mir.«

Keinerlei Gram oder Angst war darin, nur die Sorge um diejenigen, die in der Gewalt der Missgünstigen blieben. Der Priester hielt das Kreuz in den Händen, sein Herz blutete. Sein Gesicht verkrampfte sich vor Schmerz und Leid um seine Freunde, die ihn nie verraten hatten. Er schaute unverwandt hinter den großgewachsenen Gestalten her, die duldsam zum Galgen gingen.

Dem Priester Vidak Parežanin nahm er als letztem die Beichte ab, dann aber bat er ihn, auch ihm, Stevan, die Beichte abzunehmen. Er fühlte sich schuldig, weil er nicht verurteilt worden war, und es erschien ihm in dieser Stunde beschämend, am Leben zu bleiben. Er stand da und schaute unbeweglich zu, wie sein Mitbruder zum Galgen schritt, sich ganz ruhig bekreuzigte, und dann mit donnernder Stimme rief:

»Ehre sei Gott! Es lebe Serbien!«

Nach seinem Vorbild taten sie alle das Gleiche. Plötzlich entstand unter den Übeltätern große Unruhe. Angst, Ungläubigkeit und Verwirrung kamen auf. Nur der alte Lehrer und Priester stand aufrecht wie eine Zypresse. In seinem Auge blitzte eine Träne auf, weiß und hell. Eine Träne, die versteinerte. Als alles zu Ende war, ging das Volk in die Kirche, die etwa fünfzig Schritte von dem neuen herzegowinischen Golgatha entfernt war. Die Frauen und Kinder wimmerten vor Schmerz. Auf der Suche nach Trost kam das Volk in die Kirche. Der Priester stand auf der Kanzel, mit der versteinerten Träne im Auge. Weiß, mit silbernem Bart, groß und gebeugt, erkannte er keine Gesichter. Vor seinen Augen war sein Volk auf grausamste Weise verwaist.

»Brüder und Schwestern, lehrt eure Kinder das Gute, denn das Böse ist am Ende immer der Verlierer. Das Böse wird sich selbst vernichten, wir aber werden hundert Jahre brauchen, um uns von dem Unglück, das uns ereilt hat, zu erholen, und auch das nur, wenn wir uns für das Gute entscheiden. Merkt euch, das Böse ist vergänglich. Es werden auch diese hundert Jahre vergehen; wir werden die Freiheit erleben, und die Seelen heutiger Märtyrer werden sich erfreuen«, schloss der Priester mit zitternder Stimme seine kurze Predigt.

Aber die Träne konnte nicht fließen, sie vernebelte seinen Blick und brannte in seinem Auge. Er dachte, sein Herz müsse zerspringen, aber er wagte es wegen des Volkes, das vor ihm stand, nicht, schwach zu sein. Seit jenem Tag sprach der Priester wenig. Niemand sah ihn jemals wieder lachen.

Es kam die Freiheit. Als die Freiwilligen aus Thessaloniki kamen, wurde ein großes Fest ausgerichtet. Man lud auch den alten Priester Stevan ein, aber er war vom Schmerz so zerrissen, dass sie ihn nicht mehr erkannten. Auch er war einst Freiwilliger in den Balkankriegen gewesen, nun war er alt und grau geworden, und vom Frieden war er nicht begeistert. Als hätte er geahnt, was das zwanzigste Jahrhundert bringen würde: wie viele Kriege, Blut und Unrecht. Die allgemeine Freude nach dem Ersten Weltkrieg drang nicht zu ihm durch. Im Gegenteil, sie bestätigte ihm seinen Gedanken, dass Kriege gleichzeitig töten und stärken, denn auch wir sterben entsprechend unserer Trauer und unserem Schmerz gemeinsam mit denen, deren Leben gewaltsam ausgelöscht wurden. Aber gleichzeitig leben wir auch weiter mit ihnen, entsprechend unserem Glauben an das ewige Leben, entsprechend der Erinnerung und Hoffnung. Priester Stevan lebte so mit dem Tod und dem Leben seiner neunundsiebzig Gemeindemitglieder.

Er hatte ein sanftes Gesicht und ging ganz gebückt. Meistens schaute er auf die Erde, selten hob er den Blick nach oben. Er meinte, dass jeder die versteinerte Träne in seinem Auge sehen würde, und dass jeder in dieser versteinerten Träne die neunundsiebzig Menschen, denen er die Beichte unter dem Galgen abgenommen hatte, sehen könne. Diese Träne war sein Kreuz und sein Schmerz; sie war der Stein, der darauf wartete, von seinem Grab genommen zu werden, damit das Licht der Auferstehung aufstrahlt. Die versteinerte Träne gehörte zu ihm; er trug sie und hütete sie als Pfand, als freiwillige Last; als unzerstörbare Erinnerung, im geduldigen und ruhigen Glauben, dass er bis zum Ende durchhalten muss, bis zu jener Stunde, wenn er sie nicht mehr vor fremden Blicken verbergen muss.

Wenn er einen Bekannten hörte, der sich über den Sieg freute und sagte, dass alles vorbei sei, dann dachte er an seine umgebrachten Freunde und flüsterte:

»Wir werden hundert Jahre brauchen.« Dann versank er erneut in vollkommene Ruhe, voll Schmerz und Hoffnung. So lebte er bis zum letzten Atemzug.[2]

***

Am zwölften August 2014 war es ein Jahrhundert seit dem grausamen Tag, als in Trebinje zum Zeichen der Vergeltung die angesehensten Menschen getötet worden sind. Vor der Kathedralkirche in Trebinje sind in einem Stein Worte eingemeißelt, die davon zeugen, dass dieser Ort immer Dichter, Helden und Märtyrer hervorgebracht habe.

Ob es auch heute so ist?

Gibt es unter uns immer noch Menschen, die denen ähnlich sind, die 1914 umgebracht wurden?

Gibt es wenigstens neunundsiebzig?

Ich glaube, dass so viele genügen würden, damit die Träne aus dem Auge des Priesters fließen kann, die seit hundert Jahren versteinert ist.

Das Meer

Wenn ich im Meer schwimme, habe ich stets das Gefühl, mich mit der gesamten Natur zu vereinen. Diese Vereinigung ist keine Verschmelzung, sondern eine Art Umwandlung – die Umwandlung von schwerer Materie zu leichter, durchsichtiger. Das ist für mich wie Medizin, weil der Stress oft meine Wirbelsäule verkrampfen lässt. Davon bekomme ich dann Kopfschmerzen und gerate ganz aus dem Tritt. Nur das Meer heilt mich natürlich und schmerzlos. Und es heilt mich nicht nur, sondern es stärkt mich auch und verbessert meine Lebensqualität. Ich werde ruhiger. Wasser hat auch sonst oft Wunderkraft. Ich erinnere mich an die Feier der Erscheinung des Herrn (Epiphanie) an der Trebišnjica und die Taufe am Karsamstag in Tvrdoš, am Fluss. So kalt es auch war, es war heilsam, außerordentlich heilsam.

So war es auch an jenem Tag. Nach anderthalb Stunden Schwimmen verließen wir das Wasser. Vlado las gleich das angefangene Buch weiter. Ich dachte, ich würde auch gerne ein Buch lesen, entschied mich dann aber, einfach aufs Meer zu sehen und an nichts zu denken. Bald raschelte etwas. Wir hatten gar nicht bemerkt, dass am Strand unter einem Strauch ein Mann saß. Er legte gerade die Zeitung *Politika* zusammen, die er gelesen hatte und deren Seiten er jetzt wieder in die richtige Reihenfolge brachte. In meinem Zustand von Sorglosigkeit sah ich ihn an, als würde ich mich fragen, warum er da war und was er machte. Wir messen ja alles an unseren eigenen Maßstäben. So starrte ich ihn an und dachte, wieso er gerade jetzt Zeitung las. Hatte er denn nichts Besseres zu tun, als Zeitung zu lesen? Aber er beantwortete meinen hartnäckigen Blick ganz höflich und normal mit einem »Guten Tag«.

Es wurde kühler, der Tag neigte sich dem Ende zu. Vlado schloss das Buch und sagte, dass er nochmal ins Meer gehen wolle. Ich war wegen meiner Faulheit noch unentschlossen, erinnerte mich dann aber an die Heilkraft des Meeres und ging ihm nach. Wir schwammen noch eine halbe Stunde, dann wollte ich nicht mehr und wir verließen das Wasser, weil es nicht mehr so angenehm war. Wir zogen uns an, packten unsere Sachen zusammen und wollten gerade gehen. Plötzlich kam aus dem Gebüsch eine aufgeregte Frau gelaufen und fragte uns, wo der alte Mann sei, der dort gesessen habe. Die *Politika* lag ordentlich gefaltet neben seinem Klappstuhl. Wir drehten uns um, aber auf diesen zwanzig Quadratmetern war alles leer. Wir erwiderten ihr, dass er gerade noch dagewesen sei.

»Wann gerade?« Sie erschrak noch mehr.

»Vor einer halben Stunde«, sagte ich zu ihr.

»Oh je, er ist ertrunken! Ist er ins Meer gegangen?«, fragte sie.

»Wissen wir nicht!«

In diesem Augenblick bemerkte ich, dass neben einem Felsen, direkt am Ufer, die Wellen seine Badeschlappen umspielten. Die Frau ging zurück in Richtung auf ein Haus und rief nach ihrer Mutter. Ich zeigte Vlado die Schlappen.

»Er ist ertrunken«, sagte er leise.

Im Nu standen drei Frauen und noch einige Leute aus Njivica am Strand. Wir zeigten ihnen die Schlappen. Sie machten sich auf die Suche, ließen die Bootsmotoren an und fuhren los. Die eine Frau weinte und sagte, dass er ertrunken sei, weil er ein schwaches Herz habe.

Jemand von den Anwesenden kommentierte, er könne nicht ertrunken sein, da es schon eine Stunde her sei und das Meer ihn sonst angespült hätte. Ein Mann fügte hinzu, dass sich sein Körper sicher in den Netzen verfangen hätte, denn eine Frau werfe aus Trauer um ihren verstorbenen Mann, einen Fischer, ständig hier am Ufer Netze aus. Alles sah nach einem tragischen Ende aus. Die Sonne war schon hinter den Felsen und dem Gebüsch untergangen, unter dem bis vorhin der große, gebückte alte Mann die Zeitung gelesen hatte. Ich hätte vielleicht noch einen Hoffnungsschimmer gehabt, hätte ich nicht von Zeit zu Zeit auf die leeren Schlappen gesehen, die der Mann offensichtlich ausgezogen hatte, als er ins Meer ging.

Aus dem Dorf riefen einige Menschen, dass er nicht zu finden sei. Der Mann im Bug des Bootes telefonierte, um nach Tauchern zu rufen. Er war beunruhigt und bat die weinende Frau, ihn nicht noch mehr abzulenken. An seinem Gesicht sah man, dass er eine persönliche, nahe Beziehung zu dem verschwundenen Mann hatte. Die Zeit verging, am Ufer hatten sich einige versteinerte Menschen versammelt, die nach meinem Eindruck nichts mit dem Ertrunkenen zu tun hatten. Aber die Tragik eines im Meer verschwundenen Mannes erschreckte sie alle. Ich dachte mir, wie schön das Meer ist, so grausam ist es auch. Der Tag ging zu Ende, und auch der Enthusiasmus der Suchenden ließ nach, als hätten sich alle mit dem Schicksal abgefunden. Plötzlich rief jemand von der Straße:

»Ich habe ihn gefunden, er liegt im Hotel *Riviera*, unter einem Sonnenschirm!«

Die Frau hörte auf zu weinen. Es wurde still.

Ein Mann mittleren Alters ergriff als erster das Wort:

»Er ist geschwommen, müde geworden und dann beim *Riviera* aus dem Meer gestiegen und hat sich hingelegt.«

Ein Spaßvogel rief, dass der alte Mann dorthin geschwommen sei, um nackte Ausländerinnen zu sehen. Die Frau, die unentwegt geweint hatte, wandte sich an den Mann, der jetzt verwundert am Bug des Bootes stand:

»Lazar, er lebt!«

Lazar steckte sein Handy in die Tasche und antwortete verärgert:

»Das höre ich, dass er lebt, und mich hätte fast der Schlag getroffen wegen des Dreckskerls!«

***

Nach einem Jahr kam ich wieder zur gleichen Zeit an den gleichen Ort. Mit mir schwammen mein Freund Djoko und Vater Blagota. Plötzlich erinnerte ich mich und fragte Djoko, ob der alte Mann, der »Ertrunkene«, noch lebe.

»Ja«, antwortete der ruhige und kluge Djoko. »Aber stell' dir vor, sein Cousin, der damals am meisten nach ihm gesucht hat, Lazar, er ist verstorben!«

»Dieser Lazar?«, wunderte ich mich.

»Ja.«

»Da sieht man, wie das Leben spielen kann«, sagte Vater Blagota und tauchte ins Meer ein.

Die Sonne ging langsam unter, und ich blickte auf meine Hände im Wasser in der Hoffnung, dass im Meer irgendwie alles anders ist als in diesem unvorhersehbaren Leben auf der Welt. Vater Blagota tauchte auf und erzählte uns einen Scherz. Wir lachten, und ich wusste nicht, ob die Tränen in meinen Augen wegen der Schönheit und des Sonnenglanzes auf dem Meer oder aus Angst vor dem Tod und der Tiefe des Unbekannten flossen.

Zavala

Das Kloster Zavala befindet sich am Ende der Ebene Popovo Polje, dort, wo der Fluss Trebišnjica fast im rechten Winkel in Richtung Hutovo Blato fließt. Eingebaut in einen Felsen namens Ostrog, ähnelt dieses alte Kloster einem schönen ergrauten alten Mann, der, an einen Stuhl aus Stein gelehnt, das fruchtbare Feld betrachtet, durch das die blau-grüne Trebišnjica fließt. Gott weiß, woran er sich erinnern kann, so in Gedanken versunken, schwermütig und vor sich hin schauend. Er erinnert sich an den bekannten Propheten Grigorije, der auf seinen Wunsch hin unter der Türschwelle des Klosters bestattet wurde, damit alle, die hineingehen, auf ihn treten und ihn Demut lehren sollten. Er erinnert sich auch an einen Jungen namens Stojan, der im Kloster lesen lernte und später unter dem anderen Felsen, der ebenso Ostrog heißt, ein Heiliger wurde; er erinnert sich an den Abt Christophor, einen Propheten und Dichter, und an die zahllosen Gesichter von Weisen und Tagelöhnern, die gekommen und gegangen sind, auf ihren Gesichtern die Tragik des Daseins und das Drama der Erlösung, um im Kloster den Frieden Gottes zu finden. Dieser erleuchtete, weise alte Mann, diese Einsiedelei in jener unbeschreiblich schönen Landschaft erinnert sich auch an einen seiner Mönche, dessen Geschichte ich erzählen möchte.

Er hieß Georgije und hatte ein sanftes Gesicht, war von hellem Verstand, liebte das Buch, sang schön, machte vor allem gerne Späße und verbreitete Freude um sich herum. Im Jahr 1937 entsandten der Abt und die Bruderschaft des Klosters Zavale Georgije nach Gornje Hrasno, einen Besitz von Zavala. Wundersam und lang ist die Geschichte von Gornje Hrasno. Es befindet sich am nördlichen Rand des Popovo Polje, gleich in der Nähe der größten Schlucht des Flusses Trebišnjica, genannt Doljašnjica. Dort ist auch der uralte Ort Doljane, den einst die Venezianer zerstört hatten und der nie wieder aufgebaut wurde. Und wenn man heute Doljane sieht, fehlen einem die Worte, man blickt mit weit aufgerissenen Augen. Ohne Nachdenken, ohne Erklärung spürt man, dass die Geschichte dieser Welt in vieler Hinsicht Leiden und Zerstörung ist.

Ein ähnliches Schicksal wie Doljane sollte in der ersten Hälfte und am Ende des 20. Jahrhunderts auch Gornje Hrasno erleben. Vor dem Zweiten Weltkrieg war das ein Ort voller Leben, mittendrin der Lehrer und Priester Georgije, der Mönch aus Zavala. Dieser für die Herzegowina fortschrittliche Ort, in dem viele Einwohner lebten, hatte neben anderen Schätzen auch eine große Steinkirche und eine Schule. Genau dort, zwischen Kirche und Schule, in einem weiteren Gebäude aus Stein, lebte Mönch Georgije, den die Einheimischen liebevoll Kale nannten, von kaludjer – Mönch. Da er Schulbildung hatte, erhielt er die Aufgabe, Lehrer und Priester zugleich zu sein. Er war friedlich, gutmütig, klug und gebildet, offen für die Wissenschaft und doch in allem mit Leib und Seele Priester. Die Menschen liebten ihn und glaubten an alles, was er tat und sprach. Die Bewohner von Gornje Hrasno waren ihm besonders dankbar, dass er ihre Kinder unterrichtete, dass er sie gut erzog, damit sie gehorsam und gut würden. Der Hof an seinem Haus, der gleichzeitig auch der

Schulhof war, war ein Ort der Begegnung und des offenen Dialogs. Oft führte er Gespräche mit römisch-katholischen Priestern und mit den Glaubenslehrern des Islam, den Imamen, Hodschas und Hadschis. Er war einfach die Säule, um die sich alles bewegte, wobei er alles mit Leichtigkeit und Güte geschehen ließ und tat.

Dann kam aber die schreckliche Zeit des Zweiten Weltkriegs. Man erzählte, wie die Menschen ringsherum weggebracht und umgebracht wurden – in Mostar, Stolac, Žitomislić, Tasovčići, Gabela, Klepci und in allen Dörfern auf dem Popovo Polje. Zuerst transportierten sie die Lehrer, Priester und angesehenen Familienoberhäupter ab.[3]

»Hau ab, Pfarrer, du bist der erste, wenn sie nach Gornje Hrasno kommen«, ermahnten ihn die Menschen. Er schwieg nur.

Die Ustašas befahlen Anfang Mai 1941 Šaban Elezović und Mujo Galešić, Nachbarn aus Gornje Hrasno, im Schutz der Nacht zu Georgije zu gehen und ihn im Pfarrhaus im Schlaf zu ergreifen, um ihn dann zum Popovo Polje zu bringen, das zu dieser Zeit überschwemmt war, ihn dort bei der Schlucht von Doljašnica umzubringen und in die Schlucht zu werfen, damit die Serben ihn nicht in einem Grab bestatten und ihn auch nach seinem Tod so verehren könnten, wie sie es zu Lebzeiten getan haben.

Elezović und Galešić nahmen Georgije mit, und am frühen Morgen waren sie schon an der Schlucht. Als sie dort ankamen, holten sie ein Rasiermesser heraus und sagten ihm, er solle sich rasieren. Der Mönch fragte sie, warum sie das täten und ihn demütigten, wenn sie doch ein Gewehr hätten und ihn in die Schlucht stoßen könnten. Sie hießen ihn, zu schweigen und sich nicht zu widersetzen. Dann rasierten sie ihm den Bart ab und zogen ihm den Talar aus, den sie in die Schlucht warfen. Zweimal schossen sie aus dem Gewehr in die Schlucht, und ihm sagten sie, er solle fliehen, wohin er nur könne. Am besten sei es, wenn ihn jemand über den Fluss bringen könne und er so zu den Gleisen gelangte.

»Spring dort auf einen Zug, hau von hier ab und komm nie mehr zurück!«, lautete ihr Rat. »Sonst sind wir auch dran.«

Georgije erinnerte sich da an einen guten Menschen, Pero Balić, einen Katholiken aus Turković, und ließ ihn herbeirufen. Er besaß ein Boot, kam sofort und brachte ihn auf die andere Seite des Popovo Polje, damit er von dort mit der Eisenbahn weiterfahren konnte. Als er in Turkovići in den Zug einstieg, kontrollierten ihn die Deutschen und holten ihn in Čapljina aus dem Zug. Man brachte Georgije nach Deutschland ins KZ Dachau, wo er das Ende des Krieges erlebte.

***

Im Herbst 1945, im zerstörten, erniedrigten, trauernden Dorf, voller Stille und Schmerz, riefen die Kinder plötzlich:

»Leute, der tote Mönch ist da!«

Er kam zuerst ins Haus seines guten Freundes Danilo Žarković. Der war wie versteinert, glücklich und verwundert; er rief seinen Neffen Jovan herbei und sagte:

»Der tote Mönch ist da!« Im ganzen Dorf erhob sich Geschrei, als habe etwas die schmerzhafte Stille durchbrochen, die unbewusst die fünf Jahre des schrecklichen Krieges angedauert hatte.

Georgijes Haar und Bart waren grau geworden, aber er war es. Er ging schweigend mit den Kindern. Als er die Kirche betrat, war sie schon überfüllt. Sie beteten kurz, sprachen das *Glaubensbekenntnis* und das *Vaterunser*. Alle blickten ihn voller Angst und Verwunderung an. Sie setzten sich auf den alten Platz zwischen dem Haus und der zerstörten Schule. Er fragte sie, wer die Leiden nicht überlebt habe, und sie zählten leise und langsam auf:

Vojko, Ljubo, Danilo, Milutin, Miho, Sava, Dosta, Vida, Koviljka, Ilija, Milan, Jovo, Miho, Danilo, Božidar, Bogdan, Risto, Marko, Luka, Ognjen, Luka, Dušan, Novo, Milosav, Drago, Nikola, Aleksa, Šćepo, Danica, Djurdja, Mitar, Danilo, Božica, Lazar, Uroš, Sava, Spasoje, Nikola, Lazar, Milovan, Risto, Branko, Andjelko, Simo. So zählten sie alle auf.

Sie unterdrückten die Tränen, die aus der Brust kommen wollten, und erstickten Weinen und Schluchzen.

Dann fragte ihn ein alter Herzegowiner, ein großer und herrschaftlicher, in allem angesehener und kluger Mann:

»Und wie hast du überlebt, Vater?«

Er erzählte ihnen alles der Reihe nach. Es entstand Stille, einige fingen an zu tuscheln. Er schaute sie an wie einst und wusste, dass sie ihm alles erzählen würden und dass sie ihm glaubten. Er wartete. Danach sprach erneut derselbe Mann:

»Vater, wir haben die beiden Männer angeklagt, dass sie dich umgebracht haben. Sie sind in Čapljina im Gefängnis.«

Er sah sie alle ruhig an, dann stand er auf und sprach über das Gute, darüber, dass das Böse niemals über das Gute siegen könne, dass man nie denken solle, alle Menschen seien böse, und ähnliches.

»Obwohl in der Welt das Gute und das Böse gleichzeitig existieren, ist keine Synthese zwischen ihnen möglich«, sagte er. »Der Unterschied besteht darin, dass das Böse verschwindet, verödet, verdorrt und stirbt, das Gute aber erblüht und ewig bleibt.« Sie schauten ihn unverwandt an, sein Blick wurde plötzlich fest und das Wort scharf.

»Brüder und Schwestern, lasst nicht zu, dass wegen dieses Unheils tödliche Bosheit unsere Herzen ergreift.«

Dann wandte er sich wieder leise und sanft an den Mann, der im Namen aller mit ihm gesprochen hatte:

»Ihr werdet«, dabei zeigte er auf den großen Mann und auf Danilo, »morgen früh mit mir nach Čapljina fahren, damit wir die beiden befreien.«

Man sagt, dass seine Wortgewandtheit im Gericht dazu beigetragen habe, dass sich alles schnell zum Guten wandte. Šaban Elezović und Mujo Galešić erlangten bald in der Gegend einen guten Ruf und bekamen eine Anstellung beim Staat, bei der Eisenbahn, wo sie bis zur Rente arbeiteten. Sie sandten oft Grüße und Geschenke an ihren Freund, den Mönch Georgije, der den Rest seines Lebens seinen Dienst in Belgrad versah. Von den siebzig orthodoxen Priestern, die es vor dem Krieg in der Herzegowina gegeben hatte, überlebten nämlich nur fünf. Unter ihnen war auch der verstorbene Vater Simeon Dobrićevski, der mir all das berichtet hat.

***

Auch im letzten Krieg gingen die Gräueltaten weiter, sodass es in Gornje Hrasno keine Kirche, keine Schule und auch keine

Menschen mehr gibt. Die Gruft der im Zweiten Weltkrieg Umgekommenen wurde 1992 in die Luft gesprengt, und die Gebeine sind vor kurzer Zeit ins Kloster Zavala gebracht worden.

Welchen Weg man durch diese Gegend auch nimmt, man wird kaum einem Menschen, gleich welchen Glaubens oder welcher Nationalität, begegnen. Doch ab und zu begegnet man doch jemandem. Außer dem gebräunten Gesicht und der knochigen Gestalt, die sie alle schmückt, welchen Glauben sie auch immer haben, werden die Augen dieser Menschen einen tiefen Eindruck hinterlassen. Bei längerem Hinsehen scheint es, als seien es Augen voller Schmerz und Leid, die nie jemand mit Balsam gelindert hat. Diese Augen blicken und sehen, wie öde alles ringsumher geworden ist. In diesem schmerzhaften Blick steht wie auf einem Bildschirm die Botschaft, dass dieses Töten umsonst war. Jeder kann in diesem Blick die Wahrheit erkennen, dass niemand mehr da ist, weder sie noch wir. Könnte doch wenigstens diese Geschichte ein sanfter Umschlag auf diese Augen sein! Ich weiß, viele werden sagen: Was bedeutet denn ein Beispiel an Menschlichkeit bei so viel Unmenschlichkeit, Töten, Umbringen? Doch vergessen wir nicht, dass schon ein kleines Licht große Dunkelheit zunichtemacht. So hat auch jede menschliche Wohltat mehr Kraft als alles Böse. Denn, wie Vater Kale gesagt hat, das Böse kommt und geht, aber das Gute kommt mit Gutem zurück.

Petar Zimonjić

Die Ebene Gacko Polje sieht aus wie ein Tal in Israel. Wenn man dem Wärmekraftwerk, das keine besondere Naturschönheit ist, den Rücken zuwendet, öffnet sich vor den Augen der Blick auf die Ebene Gatačko Polje, die mit der wunderschönen Erhebung namens Gat endet. Gleich dort, unterhalb des Gat, befindet sich ein ödes Feld und darauf, in der Nähe des heutigen Klosters Danići, liegt auf einer Anhöhe ein kleines Dorf mit ein paar Häusern. Dort lebte einst der berühmte Bogdan Zimonjić, Heerführer in der Herzegowina. Ihn beschreibt Ivo Andrić im Roman *Omer-Pascha Latas*, im Kapitel mit der Überschrift *Audienz*. Bogdan hatte einen Sohn, den bekannten Petar Zimonjić, Bischof von Zahum und der Herzegowina sowie Metropolit von Sarajevo.

Dieser außergewöhnlich mutige Mann, wie es nur ein Sohn von Bogdan Zimonjić sein konnte, war zugleich weise, aber vor allem unendlich gütig. Als der Kriegswahnsinn im Jahr 1941 begann, war er Metropolit von Sarajevo, davor auch Bischof von Zahum und der Herzegowina. Vor kurzem erzählte uns eine alte Frau in Mostar, dass der Stadt Mostar zu Anfang des zwanzigsten Jahrhunderts zwei äußerst traurige Begebenheiten widerfahren seien – der Tod von Aleksa Šantić[4] und der Weggang von Bischof Petar Zimonjić nach Sarajevo. Das waren, wie sie sagte, »zwei nicht zu überwindende Kümmernisse.«

Sein bischöflicher Dienst lässt sich kurz als Sorge um die Armen beschreiben, als Erneuerung des Zerstörten und als Bau von Schulen und Kirchen. Bei diesen Aktivitäten überraschte ihn der Zweite Weltkrieg. Gleich zu dessen Beginn kam jene berüchtigte Anordnung aus dem Büro der katholischen Erzdiözese von Sarajevo, dass er ab sofort weder in kyrillischer Schrift schreiben noch kyrillische Dokumente versenden dürfe. Die ruhige und einfache Antwort an den Absender der Anordnung beschreibt vielleicht am besten den Charakter des Metropoliten: »Verehrter Herr, die kyrillische Schrift ist nicht an einem Tag entstanden, und so lässt sie sich auch nicht an einem Tag abschaffen – ich denke, sie wird nie abgeschafft!«

Das zweite Ereignis geschah gleich danach. Auf einer dienstlichen Reise, genauer gesagt, bei einem Gottesdienst im Kloster der Heiligen Dreifaltigkeit in Pljevlja, erfolgte eine zweite Kontaktaufnahme aus demselben Büro, nur jetzt von jemand anderem. Dieser ihm offensichtlich wohlgesonnene Mann schrieb ihm: »Herr Metropolit, ich bitte Sie, nicht nach Sarajevo zurückzukehren. Hier wird großes Unheil für Sie und das serbische Volk vorbereitet!« Seine Antwort war erneut voller Ruhe und Würde: »Ich danke Ihnen, lieber Freund, aber es ist mir nicht möglich, Ihren gut gemeinten Vorschlag anzunehmen, denn mit dem Volk, mit dem ich das Gute geteilt habe, muss ich jetzt auch das Böse teilen.«

Kaum war er nach Sarajevo zurückgekehrt, wurde er verhaftet, danach in Jasenovac[5] interniert und dann hinterhältig umgebracht, wo, weiß man nicht genau. Unsere Kirche hat ihn zum Märtyrer erklärt und wir haben in seiner Gegend, in der Nähe seines Geburtshauses, ihm zu Ehren eine kleine Kirche erbaut.

Beim Fest anlässlich der Einweihung dieser Kirche platzierte man neben mich, als den Bischof und Erben des Heiligen Petar, den ältesten Mann aus dem Dorf, der mir von einer interessanten Begebenheit erzählte.

Als der Metropolit Student gewesen sei, verbrachte er dort seine Ferien und hütete die Kühe seines Vaters, aber auch die des Nachbarn. Abends war es besonders wichtig, die Kälber von den Kühen zu trennen, denn eine Kuh musste ihr Kalb und auch die Kinder des Hauses ernähren. Versehentlich kamen an einem Abend die eigenen Kühe und Kälber mit denen des Nachbarn durcheinander. Der junge Theologe fing die Nachbarkälber und trennte sie von den Kühen, aber bei den eigenen gelang ihm das nicht. Beim Abendessen fragte ihn der strenge Bogdan vor allen Anwesenden:

»Na, Peko, warum hast du denn die Kälber von Risto gefangen und so verhindert, dass sie die Milch trinken, unsere aber hast du bei den Kühen gelassen?«

Der junge Petar antwortete, wie auch immer später im Leben, ruhig und entschlossen:

»Vater, ich habe die Kälber von Risto daran gehindert, weil wenn ich sie gelassen hätte, hätten die Kinder von Risto nichts zum Abendessen gehabt; aber wir essen doch hier, als wäre nichts geschehen.«

Dem alten Bogdan kamen die Tränen und er sagte:

»Ich hoffe, mein Sohn, dass aus dir etwas Großes wird.«

Und tatsächlich, er ist das Größte geworden, was er werden konnte – ein Heiliger der Kirche!

Der Taufschein

Der Boračko-See ist ein Juwel, das man ohne Übertreibung zu den schönsten und wundervollsten Naturschönheiten dieser Welt rechnen kann. Begrenzt von dem mächtigen, wilden, hohen und kraftvollen Prenj-Gebirge ist dieser See, umsäumt von Wäldern und Bergen, ein Gebiet, das einen schon vom ersten Anblick an beruhigt und bereichert. Dort, in der Gegend dieses Sees, versammelten sich im letzten Krieg viele Menschen. Die meisten kamen aus Konjic, Bradina und den umliegenden Dörfern. Der Edelmut dieser Menschen, die erschreckendes Leid erduldet haben, ist allenthalben bekannt.

Einen solchen wahrhaft edelmütigen Mann habe ich genau dort, an dem See, kennengelernt, nachdem ein Dorf bei Konjic gefallen war. Es war Nacht, überall um uns herum war Militär, und ob es auf diesem Berg bleiben konnte, stand in Frage. Trotz dieser Umstände war in dem Haus, in dem wir uns befanden, viel Wärme und Ruhe. Wir hatten zum Abendessen frisch gefangene Forellen, so wunderbar, wie ich sie sonst nur noch einmal gegessen habe, in Ulog bei Kalinovik.

Das Gespräch verlief ruhig, mit viel Respekt, dann kamen wir auf unseren Beruf und die damit zusammenhängenden schweren Fragen zu sprechen, wie etwa, worin unsere Aufgabe bestünde, wie ein echter Hirte sein sollte und was das eigentlich bedeute. Ich erzählte alles, was ich bis dahin gelernt hatte – ich war immer noch Student, und ich erzählte gerade so, wie das jeder Grünschnabel macht, der glaubt, alles zu wissen. Im Gegensatz dazu reagierte besagter Mann mit einem leichten Staunen und betonte, dass er das nicht wisse und es nicht gelesen habe. Aber alle diese Fragen waren für ihn sinnvoll und sehr inspirierend. Ich erzählte ihm, was der neueste »Trend« in der Theologie sei, wie alles funktioniere und mit welchen Argumenten man es verteidigen oder angreifen müsse. Ich wusste, dass ich in meiner Rede überzeugend war, aber seine Offenheit, die angenehme Stimme und die ständige Wissbegierde – und das an einem düsteren Berg, unweit feindlicher Soldaten – waren es, die ihn mit der Zeit in meinen Augen immer größer machten. Das ließ mich meine Selbstüberzeugung noch einmal überprüfen. Besonders seltsam war es, als er mich ganz aufrichtig, harmlos und besorgt fragte:

»Bedeutet das, Vater, dass ich vieles falsch gemacht habe? Ich bin schon fünfundzwanzig Jahre Priester!«

»Nein, hast du nicht«, sagte ich zu ihm. »Du hast nichts falsch gemacht, das ist alles nicht so wichtig, so wie die Diskussion, ob man bei uns die Türe zum Altarraum öffnet oder geschlossen lässt.«

»Nein, nein«, sagte er aus Angst, mich verletzt zu haben. »Ich habe kein Problem damit, mich zu ändern, und wenn's geht, zum Besseren hin.«

Wir lachten. Dann stand er plötzlich auf und sagte:

»Ich muss dir etwas sagen. Alles ist schön, wenn die Dinge normal verlaufen, aber es ist schrecklich, wenn alles auf dem Kopf steht. Schau, vor drei Nächten, gegen zehn Uhr am Abend, kam einer unserer Soldaten mit einem jungen, verängstigten Mädchen an. Ich kenne ihn, weiß, wer er ist und woher er kommt, ich weiß, dass er ehrlich ist. Und sie, die Arme, zitterte vor lauter Angst am ganzen Körper. ›Was führt euch zu mir, Kinder‹, frage ich. ›Nichts Gutes, Vater. Dieses Mädchen ist Muslimin, einige unserer Leute haben sie unten in der Nähe von Nevesinje gefangengenommen. Ich habe keine Kraft mehr, sie zu beschützen, sondern wenn es geht, taufe sie, damit wir sie irgendwie retten!‹«

»Mein Herz schlug bis in meinen Bauch«, erzählte der Priester weiter. »Ich wusste nicht, ob es Angst war oder Wut oder Verzweiflung. Ich holte tief Luft, beruhigte mich, so gut ich konnte, und bat sie und ihn, mit mir in das andere Zimmer zu kommen, weil meine Kinder da waren, die ebenfalls Angst hatten. Ich spreche genau von dem, wovon wir bisher gesprochen hatten, siehst du, keiner hat mich in der Ausbildung auf so ein Elend vorbereitet. Wir setzten uns also an den Tisch, und ich sagte ihr klar und deutlich: ›Mein Kind, das ist nicht Gottes Wille und auch nicht der deine. Ich bringe es nicht übers Herz, dich jetzt so hilflos gehen zu lassen, ich schaffe es aber auch nicht, dich unter diesen Umständen und ohne deinen guten Willen zu taufen, denn dann würde ich nicht an das glauben, woran ich glaube! Sondern wir machen es so: Ich werde dich nicht taufen, aber ich werde eintragen, dass ich dich getauft habe. Ich stelle dir einen Taufschein aus. Wenn dieses Elend hier ein Ende hat, dann zerreiße das Papier einfach und verbrenne es!‹«

Er schaute mich gutmütig und mit weit geöffneten Augen an. In ihnen leuchteten Tränen, die aussahen wie der Gebirgssee.

»Sag mir, was sagen die Bücher, habe ich einen Fehler gemacht?«

»Nein, hast du nicht«, sagte ich unsicher, und ich spürte mit jeder Faser meines Wesens die ganze Finsternis und das Drama, das sich um uns abspielte, als wir gesessen und über hohe Theologie diskutiert haben.

***

Eines Tages erreichte mich auf sehr ungewöhnliche Weise ein beeidetes Gerichtszeugnis.

Die Aussage der Zeugin Šefika Maksumić

Familienname: Maksumić

Vorname: Šefika,

Geschlecht: weiblich

Geburtsdatum: 15. Januar 1970

Geburtsort: ...., Gemeinde Nevesinje

Bekenntnis: islamisch.

Das ganze Zeugnis war traurig und erschütternd. Unter Punkt 36 war zu lesen:

»Zmija (das war der Spitzname des Soldaten) hat eine Freundin gefunden, die Nikolina Draganić hieß und bereit war, meine Patin zu werden. Er brachte mich in das Haus eines Priesters, der Ilija hieß (ich erinnere mich nicht mehr an seinen Familiennamen). Ich sagte ihm, dass ich mich taufen lassen möchte. Er begriff, dass ich das nicht freiwillig machte, und lächelte. Dann bat er uns, in einen anderen Raum zu gehen, weil in dem Raum sein Sohn und seine Tochter waren. Er wollte nicht, dass seine

Kinder etwas damit zu tun hatten. In dem anderen Raum waren nur der Priester, meine Patin, Zmija und ich. Er sagte: »Ich kann das nicht tun, weil das gegen ihren Willen und damit auch ein Verbrechen ist. Aber wenn dieser Akt der jungen Frau das Leben rettet, werde ich rein formal einen Taufschein ausstellen, wie wenn sie getauft wäre. Aber das Ritual werde ich nicht durchführen.« Dann hat er Zmija und meiner Taufpatin gesagt: »Jetzt müsst ihr mir versprechen, dass ihr das bis zu eurem Lebensende niemandem erzählen werdet.« Sie haben es versprochen und er stellte ein Dokument aus, wonach ich den Namen Biljana bekam, aber dabei habe ich keinen Familiennamen bekommen.«

Šefika lebte auch nach dem Abkommen von Dayton[6] in Trebinje bei einer Flüchtlingsfamilie namens Jovanović, die sie als ihr eigenes Kind ausgegeben haben. Die Jovanovićs und sie haben bis heute ein ausgezeichnetes Verhältnis. Wie dem auch immer sei, diese Geschichte überzeugte mich wie vieles andere, das ich im Krieg erlebt habe, darin, dass ich mir nur bei einer Einteilung ganz sicher bin, dass es sie gibt – das ist die Einteilung in Menschen und Unmenschen.

Die Kinder

Die Dörfer in der Herzegowina sind auf ihre eigene Art verschlossen und eingemauert. Ein solches Dorf funkelt in der Sonne, als würde der Stein brennen, und der vor dem Wanderer liegende Weg und die Häuser scheinen wie ein weißglänzendes Relief, durchfurcht von Steinhecken, Dächern sowie größeren und kleineren Steinhaufen, die überall aus dem Boden sprießen, der auch steinig ist. Oft lässt sich nicht unterscheiden, ob ihre Anordnung einen besonderen Zweck erfüllt oder unter dem Einfluss elementarer natürlicher Verschiebungen gerade diese Form erhalten hat. Aufgrund des trockenen Klimas und des vielen Sonnenscheins sowie des Kalksteins sehen diese Dörfer seltsam sauber und unwirklich aus, als hätte ein ausgestorbener Stamm die architektonischen Spuren seiner Zivilisation hinterlassen, die jetzt, vom Alltagsleben nicht beschmutzt, hier stehen und von einer längst vergangenen Zeit zeugen. Auf dem schmalen Weg zwischen den Häusern könnte der Neuankömmling denken, dass hier niemand lebt. Er weiß nicht, was ihn hinter den Steinmauern erwartet, die eher einer Festung als einem Zaun zwischen zwei Nachbarhäusern gleichen. Er kann auch nicht wissen, wer ihn wann hinter den schmalen Fenstern aus den Steinblöcken beobachtet und was der Beobachter in der Dürftigkeit und Kargheit seines Grundstücks für Absichten hat.

Langsam und bedächtig schritt ich über den steinigen Weg. An diesem Tag war ich besonders besorgt und erschüttert, denn ich hatte einen der schwersten Aufträge meines Lebens, den ich kaum würde erfüllen können. In der Nacht zuvor hatten in Trebinje die Angehörigen einer paramilitärischen Bande ein muslimisches Ehepaar in seiner Wohnung umgebracht, Eltern von zwei Kindern, die jetzt Waisen waren. Nach dem Morgengottesdienst im Kloster beauftragte mich der Bischof: »Du gehst jetzt ins Dorf zu ihren Kindern und bringst ihnen ein Lebensmittelpaket und dieses Geld, sofort.«

Ich fuhr dorthin, und mein Magen drehte sich bei dem Gedanken an das Leid um. Als ich mich dem Hoftor näherte, das bei muslimischen Häusern gewöhnlich höher war als bei serbischen, sodass noch mehr Vermutungen und Ungewissheiten darüber aufkamen, was dahinter ist, hörte ich schon von Weitem Klagerufe und Geschrei. Ich nahm meine Mütze ab, um die Menschen nicht zu ängstigen, die an schwarze Mönchstalare nicht gewöhnt waren, denn obwohl ich ein junger Mönch war, hatte ich schon einen langen Bart und lange Haare, die für manchen merkwürdig und fremd wirken konnten. Ich klopfte mit dem Metallring an die Tür, trat ein und erstarrte bei dem Anblick, der sich mir bot.

Eine alte Frau hielt ein Tuch zwischen ihren Zähnen, um ihre Schreie zu dämpfen, die aber dadurch nur noch schlimmer wurden und die alte Frau noch schrecklicher erschütterten. Wie mit unmenschlicher Kraft drangen die Schreie aus der Tiefe ihrer Seele und erschreckten durch ihre endgültige und untröstliche Trauer. Ein alter Mann rauchte mit gesenktem Kopf und ging im Kreis. Die Kinder, verweint, aber ganz ruhig, ernsthaft, starrten mich, den gerade eingetroffenen Gast, an.

»Ich komme aus dem Kloster. Der Bischof hat mich geschickt, um euch zu sagen, dass wir nicht solche Menschen sind; das haben Verbrecher gemacht, Übeltäter«, brachte ich mit Mühe hervor.

Die alte Frau schien mich nicht zu hören, sie weinte nur und schrie:

»Was haben sie denn verbrochen?«

Aber nach und nach, nur noch ab und zu schluchzend, beruhigte sie sich und kam mit ebenso sanften Bewegungen wie die, mit der sie sich gerade noch auf die Brust geschlagen hatte, auf mich zu. Erstaunlicherweise brachte sie mir einen Hocker aus dem Haus und bot mir Kaffee an. Der Junge, etwa fünf Jahre alt, kam auf meinen Schoß und fing an, mit mir zu reden. Ich fragte ihn, wie alt er sei, ob er in die Schule gehe, und der Junge machte es sich auf meinem Schoß gemütlich und sagte voll Vertrauen in den guten Willen, den er spürte:

»Onkel, kannst du mich ins Krankenhaus bringen, da sind meine Mama und mein Papa. Gestern Abend sind böse Leute zu uns gekommen, sie haben alles im Haus umgeworfen, wahrscheinlich haben sie Geld gesucht. Als wir dann am Morgen aufgestanden sind, war überall Blut.«

Ich war nicht bei mir, so sehr quälte es mich. Ich dachte nur daran, was sich der Junge wohl denkt und wie er später über den Krieg denken würde. Was sollte er denn anderes denken, als dass er sich rächen und die Serben hassen würde? Und was waren das für Serben, und war ich nicht auch Serbe? Mit meinen Händen, die immer mehr zitterten, streichelte ich ihm über den Kopf und gab ihm eine Mandarine.

»Was spielst du am liebsten?«

»Ball.«

»Ich bringe dir einen, ich habe einen für dich. Ja?«

»Ja, aber wann?«

»Sobald ich kann, vielleicht morgen.«

Ich streichelte den Jungen und blickte in die Ferne, über den Zaun zum Horizont, wo die Baumwipfel des Waldes von Trebinje mit der untersten Linie des Himmels verschmolzen. Ich atmete langsam ein und aus, wie wenn man betet, um mich zusammenzureißen und aufstehen zu können und langsam, wie über Schmetterlingsflügel, wegzugehen, ohne jemanden zu verletzen.

Sakib

Als ich im Mai 1999 zum Bischof gewählt wurde, war ich einunddreißig Jahre alt. Es war das Ergebnis einer Entscheidung und des gegenseitigen Vertrauens zweier sehr wichtiger Menschen, meines damaligen zuständigen Bischofs Atanasije Jevtić und unseres damaligen Patriarchen Pavle. Auf die beiden hörte die ganze Synode der Serbischen Orthodoxen Kirche. Das, was ich dachte und erwartete, wonach ich zu dieser Zeit strebte, werde ich hoffentlich bei einer anderen Gelegenheit sagen können.

Die Bischofsweihe, die Cheirotonie, war für den 3. Juni 1999 angesetzt. Alles verlief gut. Die Weihe führte Patriarch Pavle durch. Es waren viele Bischöfe der Serbischen Orthodoxen Kirche und die zwei Nachbar-Bischöfe der römisch-katholischen Kirche, der von Mostar und der von Dubrovnik, anwesend, nach dem Krieg ein interessantes und unerwartetes Moment. Als das festliche Mittagessen geendet hatte, sollte Patriarch Pavle nach Janj in Bosnien zum dortigen Kirchweihfest fahren. Plötzlich hatte ich eine Idee, die ich ihm sofort vorschlug. Ich hatte nämlich den Wunsch, dass wir die Trümmer der Domkirche in Mostar, das ohnehin auf dem Weg lag, besuchen sollten. Er war sofort damit einverstanden.

Mostar sah im Jahr 1999 wie das zerstörte Beirut aus; die Ruine unserer Kirche gab den Ton an; von ihr stand kein Stein mehr auf dem anderen. Als wir uns an Ort und Stelle vor dem riesigen Steinhaufen befanden, begann ich dem Patriarchen die Einzelheiten zu erzählen, die ich damals kannte. Ich erinnere mich gesagt zu haben, dass die Zerstörung einen Monat dauerte, von der Brandstiftung bis zur endgültigen Sprengung. Seine sprichwörtliche Spiritualität leuchtete in diesem Augenblick auf.

»Sie haben sie im Affekt zerstört,« sagte er, »dieser Affekt dauerte einen Monat, und wer weiß, wie viele Jahre noch.«

Dann begann er plötzlich, den Berg von Steinen bis zur Spitze hinaufzusteigen. Wir standen auf dieser Insel aus Steinen wie auf einem feierlichen Golgatha. Wir waren etwa zu zehnt. Er schaute in die Ferne, dann winkte er mich zu sich. Ich beeilte mich, meine Füße rutschten von den Steinen ab. Als ich endlich nah genug war, sagte er mir:

»Weißt du, jetzt werden alle darüber reden, dass unsere Leute die Guten sind, und die Bösen sind die, die uns eine solche Kirche zerstört haben. Du, Bischof, darfst nicht so denken. Du bist jung und sollst wissen, dass die Unseren hier 70 Jahre gestritten und sich unter den schwarzen Fahnen dort am Glockenturm geprügelt haben. Ich bin oft gekommen, um sie zu versöhnen. Es war viel Unanständiges dabei. Suchen wir also die Ursachen für unser Unglück nicht nur beim anderen.«

Diese Botschaft des Mannes Gottes war mir unzählige Male von großem Nutzen.

Mehrere Jahre nach dem Krieg wurde der Sitz der Diözese von Zahum, der Herzegowina und des Küstenlandes zurück nach Mostar verlegt. Eines Abends stand ich vor der alten Kirche, als ich einem seltsamen Mann in Tarnuniform begegnete. Vater Radivoje erklärte mir, wer das war. Ich bat ihn, alles darüber in der Chronik niederzuschreiben. Sakib hatten unsere Priester Ende

2009 kennengelernt, als er ins Gemeindebüro in Mostar gekommen war. Er hatte um Hilfe und Nahrung gebeten, und sie halfen ihm. Seither kam er ziemlich regelmäßig mit der Bitte um Hilfe, etwa alle sechs Wochen, um nach dem fünften oder sechsten Mal nach einem Gespräch mit unserem Priester zu verlangen. Anfang November 2010 erfolgte in den Gemeinderäumen auch dieses Gespräch oder, besser gesagt, Sakibs reuevolle Beichte.

Am ersten Tag des Krieges 1991 war er freiwillig den Einheiten der HOS[7] beigetreten. Er war an den Kämpfen gegen die serbischen Kräfte und die der JNA[8] in Slawonien und in Bosanski Brod beteiligt. Im Frühling 1992 kam er mit seiner HOS-Einheit in die Herzegowina, zuerst nach Metković, dann nach Čapljina, wo sie die Kaserne der JNA belagerten. Ende Mai, Anfang Juni kam Sakib nach Mostar. Dort beteiligte er sich an den Kämpfen, die er als nicht so heftig beschrieb, weil sich das Militär und die Serben aus welchem Grund auch immer fast widerstandslos zurückgezogen hatten. Sie zündeten die serbischen Häuser an, zerstörten und plünderten sie.

Als muslimisch-kroatische Kräfte das linke Neretva-Ufer ganz unter Kontrolle hatten, war er dabei, als die Domkirche, die alte Schule und die alte Kirche angezündet wurden. Er beschrieb detailliert die Brandstiftung an der Domkirche. Er sagte, dass das Kircheninnere mit Benzin übergossen worden sei. Der Holzboden, die Ikonostase, die Geländer im Glockenturm, die Balkone in der Kirche, alles wurde mit Benzin übergossen. Die Soldaten schossen auf die Heiligenbilder der Ikonostase. Einer der Soldaten urinierte auf das Grab von Metropolit Leontije. Im Hof der Kirche schossen sie aus Vergnügen in die Luft. Nachdem sie mit Benzin übergossen war, zündeten sie die Kirche an, und sie brannte den ganzen Tag. All das erzählte er sehr aufgeregt und mit Schuldgefühl dafür, dass er sich daran persönlich beteiligt hatte. Er berichtete, wie später eine große Menge an Sprengstoff in einem Renault über die Alte Brücke gebracht wurde, und dass die Reste der Kirche gesprengt worden seien. Er war nicht dabei, als das geschah. Als 1993 der Krieg zwischen den Muslimen und den Kroaten ausbrach, kam Sakib ins kroatische Lager Dretelj bei Čapljina.

Am 4. Januar 2012 hielten die Priester von Mostar das Abendgebet in der alten Kirche im Stadtteil Brankovac und bereiteten sich auf die kommenden orthodoxen Weihnachtsfeiertage vor. Nach dem Gottesdienst wartete Sakib vor der Kirche auf sie und bat sie um Geld, weil er nach Sarajevo müsse, um in der Botschaft der Republik Kroatien seine Rechte einzufordern, die man ihm genommen habe. Er bat um ein paar Mark, damit er sich eine Karte nach Sarajevo und ein Sandwich kaufen könne, weil er noch nichts gegessen hatte. Der Diakon gab ihm 20 bosnische Mark, die die Gläubigen beim Küssen der Ikone gespendet hatten. Sie tranken mit Sakib Kaffee im Gästeraum der Kirche, verabschiedeten ihn und wünschten eine gute und erfolgreiche Reise.

In der Tageszeitung vom 6. Januar stand, dass sich Sakib vor der kroatischen Botschaft in Sarajevo selbst angezündet hat. Über dieses Ereignis berichteten fast alle Medien. Es hieß in den Berichten, dass Sakib vor der Botschaft protestiert habe, weil man ihm als Angehörigem der HOS die Invalidenrente gestrichen habe. Er zündete sich aus Ärger an, weil man ihn in der Botschaft nicht empfangen hatte. Die Polizei reagierte schnell und Sakib wurde ins Krankenhaus gebracht, aber trotz aller Bemühungen war es zu spät. Der Arzt, der ihn aufgenommen hatte, berichtete von schweren und tiefen Verbrennungen bei einem ohnehin schlechten Gesundheitszustand.

Nach dieser Nachricht fühlte ich mich merkwürdig. In mir wechselte sich Mitgefühl wegen des Schicksals dieses unglücklichen Menschen mit Erstaunen darüber ab, was ihm alles geschehen war – und das war auch ein wahres Bild unserer tragischen Schicksalswege in Bosnien und Herzegowina. Jede unserer Tragödien begann immer mit dem Angriff auf den anderen und endete mit Selbstbeschädigung und Selbstvernichtung.

Lebendiges Wasser

Wer ist denn mein Nächster? (Lukas 10,29)

Er war in den frühen Nachmittagsstunden angekommen, gerade zur Zeit des Essens. Er sah sehr anständig aus, sogar vornehm. Jede seiner Bewegungen wies ihn als bescheidenen, klugen und würdevollen Menschen aus. Er war gut angezogen und war wohl ein wenig von meiner Eile und Direktheit überrascht. Ich erklärte ihm, dass ich erkältet und müde sei, dass ich keine langen Gespräche möge, und schlug ihm vor, dass wir zusammen zu Mittag essen und er mir dabei seine Geschichte erzählen könne, von der ich nur ein bisschen gehört hatte. Er war dankbar, wie er sagte, dass ich ihn empfangen hatte, und dass ich mit ihm den Kohl des Bischofs teilte. Schon vom ersten Augenblick an zeigte sich, dass der Mann angenehm war, kommunikativ und geistreich.

»Gut,« fuhr ich fort, »erzähle und iss ein bisschen!«

Er sprach einfach, seine Stimme war gleichmäßig. Seine Sätze waren schlüssig und klar, man merkte, dass er das Bedürfnis hatte, alles, worüber er redete, so eindrucksvoll und anschaulich wie möglich darzustellen. Anfangs hatte ich erwähnt, dass ich wusste, dass er über das, was er mir jetzt erzählen würde, schon mehrfach geredet hatte, und dass es für ihn vielleicht anstrengend sei.

»Nein«, er schaute mir direkt in die Augen. »Ich bin bereit, darüber noch eine Milliarde Mal zu sprechen.«

Ich war sehr neugierig.

»Erzähl, Bruder«, sagte ich zu ihm.

Er schwieg einige Augenblicke, dann aber fing er mit seiner ungewöhnlichen Beichte an und blickte dabei vor sich hin.

»Bis April 1992 lebte ich in Glavogodina, bei Ilidža. Wir lebten in unmittelbarer Nachbarschaft mit Muslimen. Wir waren direkte Nachbarn. In diesem Jahr wurde, wie Sie wissen, überall von Krieg gesprochen, und so haben meine Eltern beschlossen, mich ins Dorf Ledići bei Trnovo zu schicken, gemeinsam mit den Kindern meines Onkels Milorad Tešanović. Das Dorf ist weit von Sarajevo entfernt, dort wird es keine Kriegshandlungen geben, dachten sie.«

Er machte eine leichte Bewegung mit der linken Hand und verzog fast unmerklich sein Gesicht, bevor er mit seiner Rede fortfuhr.

»Leider kam der Krieg 1992 auch nach Ledići, schlimmer als anderswo. Dieses ruhige Dorf war dadurch bekannt, dass es lebendiges Wasser hatte, eine starke Frischwasserquelle, und das war …«

Er schaute mir direkt in die Augen, als ob er sich davon überzeugen wollte, dass ich ihm aufmerksam zuhörte.

»… das war oft eine Quelle des Neides der anderen Dörfer. Ledići wurde am frühen Abend des 3. Juni 1992 überfallen. Der Kampf dauerte die ganze Nacht. Diese Nacht verbrachte ich im Keller mit den anderen Kindern und den Frauen. In den Morgenstunden beruhigte sich alles, die Schießerei hatte aufgehört. Als wir in der Ferne Rauch sahen, erklärte jemand, dass dort serbische Dörfer brannten. Gegen Mittag kamen in unserem Dorf zwei Frauen aus dem Dorf Trebečaj, die Bündel trugen.

Sie sagten, dass alle serbischen Dörfer in der Gegend abgebrannt seien, dass viele umgebracht worden seien und dass sie gehört hätten, wie man erzählte, dass heute Abend unser Dorf überfallen würde, und dass sie uns alle umbringen würden. Von einem Kurier bekamen wir die Nachricht von serbischen Soldaten aus den nächsten Stellungen, dass uns niemand helfen könne und dass wir selbst zurechtkommen müssten. Im Dorf entstand Panik, und wie es bei uns so geht …«

Er schaute mich zum zweiten Mal an und hielt seinen Blick einige Momente auf meine Augen gerichtet.

»… es kam zum Streit zwischen uns, weil wir verschiedener Meinung darüber waren, wohin wir gehen und was wir tun sollten. Endlich sind wir aus dem Dorf geflüchtet, weil klar war, dass wir dort nicht warten konnten. Im Wald oberhalb des Dorfs teilten wir uns in zwei Gruppen auf. Die einen gingen in Richtung Sarajevo und die anderen, bei denen auch ich war, in Richtung von Kalinovik. Sobald es dunkel wurde, konnten wir das Schießen und den Überfall auf unser Dorf von allen Seiten sehen und hören. Diese Nacht verbrachten wir im Wald, wir waren etwa fünfzehn in der Gruppe, einige Männer, aber mehr Frauen und Kinder. Ich erinnere mich, wie wir am frühen Morgen leise an drei muslimischen Soldaten vorbeischlichen, die am glimmenden Feuer schliefen. Als der Morgen voranschritt, erkannten die älteren Leute bereits, wo wir uns befanden, besonders meine zwei Onkel, die als Kundschafter vorausgingen. Wir mussten aus dem Wald heraus über offenes Gebiet gehen und, wenn wir dieses Hindernis überwunden hatten, auf freies Territorium gelangen. In diesem Augenblick sind meine Onkel als Kundschafter auf eine muslimische Patrouille gestoßen, die auf sie zu schießen begann, was uns zwang, aufs Geratewohl in den Wald zu laufen. Wir warfen alle Sachen weg, unsere Bündel, und in diesem Wirrwarr haben wir zwei Frauen und ein Kind verloren.

Den ganzen Tag irrten wir im Wald am Abhang des Berges Treskavica herum. Wir hatten keine Nahrung mehr, bald danach auch kein Wasser mehr. Bei uns war auch ein Baby von anderthalb Jahren, Milun Tešanović. Ich erinnere mich, wie mich seine Mutter und Vater baten, in einen Glasdeckel zu spucken, damit Milun etwas trinken konnte. Aber ich hatte keine Spucke mehr. Das Kind weinte oft, und wahrscheinlich haben uns so die muslimischen Soldaten entdeckt. Sie umzingelten uns schnell und fingen zu schießen an.

›Wir ergeben uns!‹, schrien wir.

Niemand von uns war bewaffnet oder trug Uniform. Die Soldaten näherten sich uns auf etwa zwanzig Meter. Ich begriff sofort, dass sie meine Onkel kannten, weil sie sie mit Namen anredeten. Sie sagten, dass sie uns schon lange Zeit verfolgten, und fragten, wo die zwei Frauen und das Mädchen seien. Ich bemerkte, dass die Soldaten unruhig waren, und dass sie die ganze Zeit ihren Kameraden, die sich im umgebenden Wald befanden, etwas zuriefen. Es schien mir, dass das alles nicht so schlimm sei und dass es sich am Ende zum Guten wenden würde. Genau in diesem Augenblick schossen sie auf meinen Onkel Milenko. Er fiel auf die Knie und fasste sich mit blutigen Händen an die Brust. Sein Bruder Rade, mein zweiter Onkel, lief ihm zu helfen, aber sie schossen auch auf ihn. Mittlerweile war einer ihrer Soldaten auf die zwei Frauen und das Mädchen gestoßen, die wir verloren hatten. Da eine von ihnen eine Schrotflinte hatte, gelang es ihr, ihn damit zu verwunden. Inzwischen kamen aus dem

Wald immer mehr Soldaten, von allen Seiten. Mein dritter Onkel, Milorad, ging auf sie zu und bat sie, nicht mehr Menschen umzubringen, und sie begannen ihn mit Füßen zu treten und mit den Gewehrkolben zu schlagen. All das betrachteten wir wie versteinert. Genau in diesem Augenblick kam noch eine kleinere Gruppe Soldaten zu ihnen.

›Worauf wartet ihr?‹, schrie jemand und wir hörten, wie sie ihre Gewehre repetierten.

Meine Tanten umarmten ihre Kinder und ich stand alleine, zwei oder drei Meter von ihnen entfernt. Mich hat, so scheint mir, der erste Schuss, der abgefeuert wurde, getroffen, und zwar direkt in die Brust.«

»Wo genau?«, fragte ich ihn.

»Hier,« zeigte er, »unter den Rippen. Die Wunde war zum Glück ein Durchschuss. Ich war mager«, lächelte er sanft.

»Es wurden zahlreiche Geschosse abgefeuert. Ich fiel sofort zu Boden. Instinktiv wusste ich, dass ich mich nicht bewegen durfte. Das Schießen dauerte noch lange, anscheinend schossen sie die ganze Zeit auf die anderen. So sollte sich herausstellen, dass ich Glück hatte, weil keiner mich umarmte und ich allein dalag. Ich hörte das Röcheln, eine Fliege landete auf meiner Nase, aber ich bewegte mich nicht. Ich erinnerte mich an die Filme, in denen sich die Menschen totstellten und so überlebten.

Die meisten Soldaten entfernten sich rasch, als sie fertig waren. Unweit von der Stelle, an der ich lag, standen noch zwei und redeten über etwas. An der erhöhten Tonlage merkte ich, dass sie sich stritten.

›Wir hätten diese Kinder nicht umbringen sollen‹, wiederholte der eine, ›es ist eine Sünde vor Gott.‹

Mein Herz pochte so stark, als wolle es im selben Moment aus der Brust springen. Ich fasste kaum den Mut, den Kopf anzuheben und zu sprechen.

›Onkel, ich lebe noch‹, sagte ich mit weinerlicher Stimme. ›Hilf mir, Onkel, bitte.‹

Der zweite Soldat repetierte sofort das Gewehr und sagte, dass sie mich umbringen müssten, wie sie es mit den anderen getan hatten. Der erste antwortete ihm, dass er das nur über seine Leiche tun könne.

›Das Kind ist nicht schuldig‹, schrie er und packte ihn am Kragen.

Es entstand Stille. Er ließ ihn plötzlich los und begann sein Hemd aufzuknöpfen. Dann zerriss er sein Unterhemd und verband meine Wunde. Wir gingen langsam los. Er trug mich, und manchmal lief ich auch allein. Die ganze Zeit mied er andere Soldaten. Er brachte mich zu irgendwelchen Baracken, wo man mir die Wunde verband. Dort übernachteten wir. Am Morgen brachte er mich ins Kriegskrankenhaus am Berg Igman, wo mich Doktor Mustafa Pintol aufnahm und mir die Wunde verband. Dauernd kamen Soldaten herein und fragten den Arzt, was er mit mir tun werde. Er nahm einen von ihnen beiseite, ich begriff, dass es ein Offizier war, und da, über meinen Kopf hinweg, sagte er ihm:

›Ich bitte dich, dieses Kind nicht nach Konjic zu schicken, dort bringen sie ihn um.‹

›Gut, aber was machen wir mit ihm, Doktor?‹, fragte der Offizier.

›Wenn du mich deckst, behalte ich ihn hier, bis er gesund ist.‹

Der Mann, dessen Gesicht ich nicht sehen konnte, antwortete ihm:

›Doktor, du hast so viel für uns getan, dass ich zu dir halten muss, aber ich weiß nicht, was das soll.‹

Der Doktor brachte mich ins Dorf Lukavac, wo seine Eltern lebten. Dorthin kam er regelmäßig und behandelte mich. In diesem Haus habe ich eine wunderbare Güte erfahren. Das Dorf und das Haus waren voller Flüchtlinge aus allen Gegenden, besonders viele Kinder waren da. Alle schliefen am Boden, nur der Opa und ich schliefen im Bett. Sie waren sehr fromm, der Bruder des Doktors war Hodscha irgendwo in Gradiška. So wichtig es war, dass der Doktor mich medizinisch behandelte, so heilsam waren auch seine Worte. Wenn er meine Wunde verband, sagte er zu mir:

›Ich gebe dich für niemandem auf dieser Welt her, du bist ein Kind, du bist nicht für einen Austausch bestimmt. Wenn sie auch meinen Bruder, den Imam, verhaften, würde ich dich nicht für ihn und für nichts auf der Welt tauschen.‹

Die Kinder aus dem Dorf erzählten mir, dass öfter HOS-Leute und andere wütende Soldaten da gewesen seien, besonders wenn jemand von ihren Verwandten verwundet oder getötet worden war, und gefragt hätten, wo ›dieses serbische Kind‹ sei. Zweimal haben die Frauen aus dem Dorf sie mit Gewehren verjagt. Obwohl alle aus Lukavac meinen Vater kannten, denke ich, dass bei ihrem Bemühen, mein Leben zu retten, auch der Glaube eine Rolle spielte, dass es Segen bringe, in der Not ein fremdes Leben zu schützen. Diese Tradition hatten sie aus den vorherigen Kriegen geerbt. Doch der Hauptgrund war, dass sie alle dem Doktor glaubten und dass er ihnen befohlen hatte, auf mich aufzupassen. Einmal wurden Pfirsiche ins Dorf geliefert, und jedes Kind bekam einen, aber die Oma sagte, dass mir zwei gehörten. Ich hatte mich so sehr an diese Leute gewöhnt, dass ich nicht mehr von dort wegwollte. Jeden Tag war es mir immer angenehmer, mit ihnen zu leben.

In der Zwischenzeit geschah etwas Merkwürdiges. Am Berg Kobilja Glava hatte einer der Soldaten aus meinem Dorf den Weg wegen des dichten Nebels verfehlt und stieß direkt auf einen serbischen Posten. Sie nahmen ihn gefangen, und er sagte ihnen, dass in seinem Dorf ein serbisches Kind sei. Meinen Eltern war von den Leuten schon kondoliert worden und sie hatten zwei Gedenkgottesdienste für mich abgehalten, doch da hörten sie zum ersten Mal, dass ich irgendwo am Leben sei. Eines Morgens kam der Doktor und rief mich zur Seite:

›Heute kommst du mit mir, du wirst mit deiner Mutter telefonieren.‹

Während wir mit dem Auto fuhren, überlegte ich, dass es mir eigentlich egal war, ob ich bei der Oma oder bei mir zu Hause war. Aber als ich die Stimme meiner Mutter hörte, dachte ich, ich müsste sterben. Zum ersten Mal nach der Schießerei im Wald begriff ich damals, wie sehr ich leben und nach Hause kommen wollte. Nach ein paar Tagen, und da war schon mehr als ein halbes Jahr nach diesem grausamen Geschehen vorbei, wurde ich ausgetauscht. Der Doktor brachte mich zum Austausch.«

»Entschuldige«, unterbrach ich ihn. »Wie kann ich diesen Doktor finden?«

Mein Gast schaute mich verwundert an.

»Der Doktor ist umgekommen«, fügte er mit leiser Stimme hinzu. »Nach der Version, die ich kenne, wurde er am Flughafen von Sarajevo umgebracht.«

Einige Augenblicke schwieg er, in Gedanken versunken, dann fuhr er fort:

»Nach Kriegsende fand ich die Eltern des Doktors, bei denen ich gelebt hatte und die mir gemeinsam mit ihm das Leben gerettet hatten. Ich war bei ihnen zu Besuch wie bei ganz nahen Verwandten, aber wegen des Verlusts ihres Sohnes war in ihnen nicht mehr die einstige Wärme und Herzlichkeit. Am schwersten war für mich, als mich der Opa fragte:

›Ach, mein Dragan, warum haben sie Mustafa umgebracht?‹

Mehrmals beteiligte ich mich an der Suche nach den sterblichen Überresten der getöteten Verwandtschaft aus Ledić. Die Suche war lange erfolglos. Ihre Überreste wurden erst im Jahr 2001 gefunden, darunter waren auch die Knochen des anderthalbjährigen Milutin Tešanović.«

»Wen hast du noch als Familie?«, fragte ich ihn plötzlich.

»Meine Frau und ein Kind. Gott sei Dank, wir sind alle gesund. Meine Frau ist schwanger, wir erwarten das zweite Kind.«

Dragan hatte die ganze Zeit während unserer Unterhaltung gesprochen, und ich hörte zu und betrachtete ihn. Auf unseren Tellern war der Kohl, den wir völlig vergessen hatten, schon längst kalt geworden. Trotz des Traumas, das er in sich trug, saß vor mir ein bewundernswert ruhiger und mutiger Mann. Seine Narben sind zu seiner Kraft und Lebensquelle geworden. Wir schwiegen beide lange, jeder in seinen Gedanken, während durch die Luft eine angenehme Wärme strömte, erfüllt mit einem Hauch von Würde, Hoffnung und Menschlichkeit.

Petar

Ich war schon im achten Lebensjahr. Meine Mutter und mein Bruder waren zu Besuch bei Verwandten, wir beide waren zu Hause geblieben. Obwohl sich das Haus an der Straße befand, war die Tür nie verschlossen. Als es gerade dunkel wurde, klopften Unbekannte an die Tür und riefen nach dem Hausherrn.

»Wer ist da?«, fragte er.

»Nachbarn, aus einem Nachbardorf.«

»Kommt herein, Leute, es ist offen.«

Zwei gesunde, kräftige Männer traten ins warme Haus. Der Winter ging seinem Ende zu, aber draußen war immer noch Frost.

»Habt ihr ein Nachtlager, Hausherr, wir sind müde? Wir haben gehört, dass es am besten ist, bei dir nachzufragen.«

Sie sagten, sie stammten aus Poljane und hießen Stipe und Simo. Sie unterhielten sich, er bereitete ihnen ein Abendessen, dann legten wir uns alle im Zimmer hin, sie auf das Bett der verstorbenen Oma und wir zwei in seines. Irgendwann in der Morgendämmerung wachte ich kurz auf, er lag auf dem Rücken mit weit geöffneten Augen. Stipe und Simo schliefen tief und fest. Bald sank ich erneut in den Schlaf.

Der Morgen war schon fortgeschritten, als ich laute Männerstimmen hörte, die redeten und dabei schmatzend Rührei aßen. Als ich aufstand, verabschiedeten sie sich schon an der Tür. Die zwei dankten für die Gastfreundschaft, und er sagte ihnen, wen sie in Poljane grüßen sollten. Als wir allein waren, fragte ich, warum er die ganze Nacht wach war.

»Es hätten schlechte Menschen sein können, die uns schaden wollten«, antwortete er und streichelte mir dabei übers Haar.

»Warum hast du sie dann ins Haus gelassen?«, fügte ich hinzu und schaute ihn verwundert an.

»Ach, du bist noch zu klein. Weißt du, mein Augapfel, es wäre unmenschlich, vorbeikommende Reisende nicht zur Übernachtung aufzunehmen.«

***

Ich weiß wenig über seine Jugend. Er erzählte mir, dass seine Mutter gestorben sei, als er vierzehn Jahre alt war. Bei der Beerdigung seiner Mutter habe er bitterlich geweint, unter anderem, weil er wusste, dass ihm niemand mehr so schöne Kleidung wie sie nähen würde. Er wuchs zu einem schönen, klugen und gesunden jungen Mann heran, der besonders fähig und geschickt war. Als er reif für die Ehe war, heiratete er Jelka aus der angesehenen Familie Kolović. Sie gebar ihm drei Töchter – Lepa, Stana und Sava. Wegen seines Könnens und des Geschicks seiner Hände erwarb er sich einen Namen als ausgezeichneter Handwerker. Die Nachbarn sagten, alles, was ein Auge sehe, könne Petar aus Holz oder Eisen herstellen.

Die Arbeiten auf dem Anwesen wurden von der Einberufung als Reservist unterbrochen. Das war im Jahr 1941. Er küsste seine Töchter, umarmte seine Jelka und machte sich auf den Weg, festlich gekleidet in die Uniform eines königlichen Unteroffiziers, ohne zu ahnen, wo dieser Weg enden würde. Es war Frühling, das Leben erwachte in jedem Grashalm, und die Vögel gaben ein Festkonzert zum Ruhm der Schönheit der Welt. Schon als er auf dem kräftigen Schimmel ritt, dachte er an Heldentum, das Amselfeld und Relja Krilatica[9], sein Herz brannte, und er hatte nur einen Gedanken: den Deutschen nicht zu erlauben, in sein Land einzufallen.

Doch bald kam die schreckliche Nachricht von der Kapitulation. Viele waren in Gefängnissen und Kasematten, unter ihnen auch Petar. Die Soldaten waren wütend, die Offiziere rissen ihre Epauletten ab. Er schwieg, geknickt, versunken in seine gebrochene Seele, in der die drei sanften Gesichter seiner Töchter lächelten. »Ich muss überleben«, dachte er.

Dort, in der Festungshaft, sagte man ihm, dass jemand in der Uniform der kroatischen Domobran-Armee für ihn zu Besuch gekommen sei. Kurz danach kam sein Freund Vinko in die Zelle, der etwas in der Hand hatte. Sie schauten sich vertrauensvoll an, obwohl sie jetzt auf verschiedenen Seiten standen.

»Petar,« sagte Vinko mit zitternder Stimme, »ich habe dir einen Rasierapparat und noch einige Sachen mitgebracht. Sie fahren euch nach Deutschland. Ich kann dir nicht helfen.« Petar schwieg, dann aber sagte er klar und deutlich, fast befehlend:

»Pass auf meine Kinder und Jela auf. Ich komme zurück.«

Vinko weinte, sein Kinn zitterte, und Petar biss die Zähne mit seinem starken Unterkiefer fast bis zum Bersten zusammen. Seine Hände krampften sich um das Gefängnisgitter. Kurz danach fand er sich in einem überfüllten Waggon wieder, inmitten von wütenden und besorgten Soldaten, und schaute auf blühende Felder, grünen Weizen und duftende Obstgärten. An sie, seine Frau und Kinder, wagte er gar nicht zu denken. Aus dem überfüllten Zug wandte er sich zu dem Berg um, zu dem er zurückkehren musste, wohin sie ihn auch bringen würden.

Das Endziel dieser qualvollen Reise war Osnabrück. Als der Zug anhielt, befahl man ihnen, aus dem Waggon zu kommen und sich auszuziehen. Jeder Gefangene erhielt eine Hose und ein Hemd aus grobem Stoff mit einer aufgenähten Nummer, das Einzige, wodurch sie sich jetzt unterschieden. Die Zeit im Lager verlief mit der schweren Arbeit und der täglichen Ungewissheit sehr langsam. Jeder neue Tag bedeutete einen weiteren Kampf auf Leben und Tod. Einige Monate nach der Ankunft bat ein Arzt einen von den Wärtern im Lager, einen Gefangenen auszusuchen, der sein Haus und sein weitläufiges Grundstück in Ordnung halten sollte. Die Auswahl fiel auf Petar. Auf diesem Besitz erlebte er das Kriegsende.

Als der blutige Krieg beendet war, tauchte Petar eines Tages auf der Türschwelle auf. Jelka machte gerade die Wäsche, und die Mädchen bestickten weiße Handtücher.

»Jelaaaa!«, rief er halb singend.

Sie richtete sich gerade auf und ein Schauder lief ihr den Rücken hinab. Solche Begegnungen sind unbeschreiblich, kräftig und zärtlich zugleich, sie zeigen die wahre Liebe. Das ist der Augenblick, in dem die ganze Zeit zusammengefasst ist, die man ohne das geliebte Wesen verbracht hat; das ist wie das Jüngste Gericht, bei dem man nicht betrügen kann.

Die unerwartete Begegnung bestätigte, was sie schon jahrelang wussten, sie liebten sich, sie haben aufeinander gewartet. Es herrschte unsagbare Freude. Die zwei älteren Töchter freuten sich mit ihrem ganzen Wesen, sie jauchzten, weinten, schrien.

Nur Sava, die jüngste, tat so, als ob sie weiterhin sticke und gar nichts bemerke. Sie war damals sechs Jahre alt, aber man sah schon, dass sie klug und selbstbewusst war. Petar bückte sich über sie und fragte sie, warum sie ihn nicht umarme.

»Onkel, ich weiß nicht, wer du bist«, flüsterte sie schamhaft.

Sie konnten kaum ahnen, dass ihre Wege von nun so sehr miteinander verbunden sein würden, ein ganzes Leben und eine ganze Ewigkeit. Schon damals konnte man in ihren Blicken große Liebe und Verständnis spüren. Es war offensichtlich, wie sehr sie einander all die Jahre gefehlt hatten.

Petar nahm sofort die Arbeit auf, um das Anwesen in Ordnung zu bringen. Alles bekam schnell wieder den alten Glanz. Er war noch ordentlicher, praktischer und fleißiger geworden. Man sagte, dass der »Schwabe« ihm alles beigebracht habe. Aber der Krieg war eigentlich noch nicht zu Ende. Die Partisanen verfolgten entkommene Tschetniks.[10] Ihm war nicht ganz klar, wer diese Partisanen waren und was sie wollten. Der Kommunismus interessierte ihn überhaupt nicht, er machte nur seine Arbeit. Aber bald kamen ungebetene Gäste.

»Du bist ein Tschetnik«, sagten sie zu ihm. »Du hilfst Aufständischen und Volksfeinden. Wärst du ein Anständiger gewesen, wärst du nie aus dem Lager zurückgekommen.«

Ob die beiden, seine Frau und er, den Tschetniks Essen in den Wald gebracht haben, weiß ich nicht, aber sie brachten ihn ins Gefängnis, in ein neues Lager. Die Töchter mussten mitansehen, wie sie ihn fesselten. Als er sich widerstandslos ergeben hatte, begann ein gewisser Sakib, von dem man wusste, dass er im Krieg der Ustascha angehört hatte, ihn zu schlagen. Man sagt, dass Petar ihn, gefesselt wie er war, mit der Brust an eine Wand gedrückt habe, so dass Sakib seine Kameraden bat, auf ihn zu schießen. Sie haben ihn nicht umgebracht, aber sie prügelten ihn mit Gewehrkolben vor den Augen der Kinder.

Er ertrug diese grausame, harte, schmutzige und unmenschliche Gefangenschaft, die halb so lang, aber doppelt so schwer war. Er war näher an seinem Haus, aber auch näher am Tod. Die Liebe zu seiner Frau und den Mädchen gab ihm Kraft. Keine Krankheit oder Infektion hat ihm geschadet, aber er musste zusehen, wie die Menschen an allerlei Krankheiten starben – vom Typhus bis zur Depression.

Als er endlich auf sein Anwesen zurückkehrte, fühlte er sich als ein Kämpfer, der viele Schläge hatte einstecken müssen, der aber am Ende als Sieger mit hoch erhobenen Händen dastand. Er schaute wieder mit seinen Mädchen und seiner Frau dem Weizen beim Reifen zu, erntete Pflaumen und Kirschen und mähte den Rasen. Er züchtete prachtvolle Kühe, besaß eine weiße Schafherde, wurde wieder reicher im Glauben an Gott und in der Liebe. Alles, was er anfing, blühte auf. Auf Familienfeiern und Hochzeiten sang er und hatte gerne Gäste, ernsthafte, hochgewachsene und kluge Menschen. Sie sprachen nicht viel, schwiegen lange, mochten und schätzten einander. Es hatte etwas Festliches, mit ihnen in dieser würdevollen und geheimnisvollen Stille zu sein. Während die Leuchte vor der Ikone und die Kerze brannten, beschwiegen sie, aneinander gelehnt, ihre Freiheit.

Er arbeitete weiter mit großer Hingabe; seine Felder und Werkstatt waren sauber und ordentlich wie ein Spiegel. »Du hast goldene Hände«, lobte man ihn.

»Nein,« antwortete er mit einem Lächeln, »ich habe einen goldenen Willen.«

Die Freundschaft mit Vinko, der während seiner Abwesenheit auf seine Familie aufgepasst hatte, wurde noch fester und tiefer, voller Dankbarkeit und echter Verantwortung. Sie wussten, dass die neue Zeit auch neue Lasten bedeutete. Sie waren vorsichtig, sprachen nicht viel. Vinko ging regelmäßig in seine Kirche, Petar in seine nur an hohen Feiertagen. Festlich gekleidet, in Anzug und Schuhen, mit einem Taschentuch in der Brusttasche. Er sah wie ein britischer Gentleman aus. Im Land der Arbeiter und Bauern hob sich seine Erscheinung ab. So zog er sich nur an, wenn er zur Kirche ging. Als Vinko ihn im Scherz kritisierte, dass er nicht jeden Sonntag zur Liturgie ginge, antwortete er ihm, dass er dann ginge, wenn er Lust verspüre und dass Gott ihn immer mit Freude empfange. Er sagte, dass es nicht eine Routine sein dürfe, sondern dass es ein echter Wunsch und Bedürfnis, ein Ereignis sein müsse.

»Ich bereite mich nicht nur äußerlich vor, gut angezogen und frisch gewaschen, sondern mehr von innen, offen für Gott, gereinigt für seine Güte«, erklärte er ihm.

Neben all seinen Tugenden war Petar von schroffer Art, aufbrausend und ehrlich, aber er liebte den Humor und den Gesang, die Gesellschaft und manchmal den Wein. Ich sah ihm zu, wie er Dutzende von Menschen gleichzeitig unterhielt und dann, als der Arbeitstag begann, ging er streng und ernsthaft, voll Autorität, zur Arbeit. Er war besonders genau bei der Arbeit, aber danach wurde er zur Verkörperung von Gnade, Liebe und Achtung, sogar etwas zu mitfühlend. Er trug in sich die Wärme der göttlichen Liebe, die anziehend war, aber gleichzeitig beim Anderen Angst erweckte und zur Selbstprüfung aufrief. Solche Menschen belügt und bestiehlt man nicht, und nur ein

Dummkopf streitet sich mit ihnen. Das sind bedeutende Menschen, sie gelten als Säule, als Angelpunkt, als Achse, Menschen, die verdeutlichen, wie wichtig und sinnvoll das Leben ist, in der Masse der Verwirrten und Misstrauischen, Verzweifelten und Konfusen, derjenigen, die solche Menschen gleichermaßen lieben und hassen.

Die Jahre vergingen langsam, Petars Töchter heirateten, die Enkelkinder wurden nacheinander geboren. Das letzte, das geboren wurde, war ich, Petars jüngster Enkel. Da mein Vater früh starb, als ich gerade vier Jahre alt war, übernahm er die Sorge für meinen Bruder und mich. Er liebte mich wie einen Sohn, lehrte mich wie einen Schüler, behütete mich wie eine Blume, schützte mich wie sein Leben. Während ich aufwuchs, wurde der starke Mann zum alten Mann, der immer noch zu Unternehmung und Kampf fähig war. Wir hatten eine Beziehung voller Respekt, Liebe und Freundschaft. Ich liebte seine Klugheit, glaubte an seinen Schutz, spürte seine Achtsamkeit, die an Heiligkeit reichte. Wenn ich an einem sonnigen Morgen wach wurde, sah ich auf dem Tisch neben dem Bett frisch gepflückte Walderdbeeren mit weißen Blüten und grünen Gräsern. Ein Lächeln und ein Sprung aus dem Bett führten mich in seine Umarmung. Er saß vor unserem Heim, schaute auf den Berg, traurig und glücklich, warmherzig und besorgt. Er war zurückhaltend und würdevoll, seine Wunden und Enttäuschungen trug er still. Für mich war er wie ein Vater, aber das begriff ich damals nicht. Erst heute, viele Jahre später, weiß ich, dass er mehr für mich getan hat als ein Vater.

Eines Tages, als er den Tod nahen spürte, rief er mich zu sich: »Ich werde sterben«, sagte er leise.

Ich schwieg, es schmerzte mich. Ich glaubte ihm immer und alles, also auch das.

»Das einzige Problem ist,« versuchte er zu spaßen und die schmerzvolle Stille zu unterbrechen, »das einzige Problem ist, dass du noch schwach bist.«

Ich schwieg, war nicht fähig zu denken. Ich hatte keinen Mut, mich der schmerzhaften Wahrheit des unersetzbaren Verlustes zu stellen.

Danach sah ich ihn noch einmal, im Krankenhaus. An seinem schwächlichen Körper und seinem ausgemergelten Gesicht ließ sich schon die Nähe des Todes sehen. Ich schwieg wieder, wie versteinert.

»Ich habe dir gesagt, dass ich sterben werde«, flüsterte er.

Mit unsicheren Schritten verließ er den Krankenhausbalkon, dann drehte er sich langsam um, als ob er den Schmerz verachtete, und fügte hinzu:

»Sei stark.«

Es war Juni, Pfingsten, Sonne. Man sagte mir, dass er verstorben sei. Ich weinte lange, so lange wie nie zuvor und danach. Bei der Beerdigung weinten wir alle, wir acht Enkelkinder. Lange und untröstlich. Am Ende umarmten wir uns. Er hat uns geliebt, jeden auf seine Weise. Und wir haben ihn geliebt. Sehr. Wenn ich heute für ihn ein Epitaph schreiben würde, dann stünde darauf: Petar, du wurdest geliebt. Es hat sich gelohnt zu leben und auszuhalten.

Wunden

Ihr ganzes Leben erzählte sie mir vor ihrem Tod, in den Sommernächten des Jahres 1989. In der letzten Nacht, als wir die Heilige Schrift lasen, blickte ich sie an und fragte mich, wer diese Frau war. Auf dem Totenbett sah sie schön aus, mindestens dreißig Jahre jünger, als sie war. Ihr Haar war noch schwarz und dicht. Ihre Augen lebendig. Während Vera, meine Cousine, las, hustete sie, dann aber sagte sie, nach dem schweren Hustenanfall:

»Siehst du, wie der Teufel ist, er lässt mich nicht zuhören. Er kann nichts anderes, als das Gute zu stören, so sind auch böse Menschen.« Ich spürte an ihrer Stimme, dass sie an die Wunden dachte, die ihr Menschen zugefügt hatten. Als sei sie verletzt, weil sie ihr nicht geholfen hatten, ihre tiefen Narben leichter zu ertragen. Aber das hatte sie überwunden, es schien, als erwarte sie von dieser, der menschlichen Seite keinen Trost mehr, als sehnte sie sich nicht mehr nach Mitgefühl, obwohl sie sich vermutlich ihr ganzes Leben nach Verständnis verzehrt hat, und zwar nicht nur in ihrer Trauer, sondern auch in ihrer Entschiedenheit, mutig weiterzuleben. Daher, so scheint mir, kam ihr Missverständnis mit der Welt, die sie umgab.

Von Kindheit an hatte sie beeindruckend angenehm ausgesehen. Mit pechschwarzem, dichtem Haar, keine hohe, aber eine gleichmäßige Stirn. Ihre Augenbrauen waren genauso, wie Frauen sie durch Schminken und Zupfen bekommen wollen. Bei ihr war das alles natürlich, so dass die langen Wimpern schon von Weitem zu sehen waren, und ihre großen weißen Augen mit der schwarzen Iris zeigten tiefen Scharfsinn und lebendige Neugier. Diese lebendigen Augen sind für mich ein Symbol von Wachheit geblieben. Eine wohlgeformte Nase, etwas kleiner als man sie unter den großen Augen erwarten würde, und volle, schön geschwungene Lippen. Ein rundes Gesicht und perlweiße Zähne, die von den Lippen umrahmt waren, erweckten den Eindruck, als ob sie ständig lächele und glücklich sei. Alles war ausdrucksvoll, fast schon übertrieben, und doch wohlproportioniert. Solche Gesichter erregen bei den Menschen Bewunderung oder Neid – letzteres leider viel öfter. Sie war nicht besonders groß, was vor allem dann auffiel, wenn sie neben ihrem Mann stand, einem Zweimeter-Riesen. Mein Eindruck war immer schon, dass ihr dieser Gesichtsausdruck und ihr harmonischer Körper ein Leben ohne Komplexe ermöglichte. Und tatsächlich war ihre Kindheit nur Spiel und Glück. Sie beachtete ihren körperlichen Vorzug gegenüber anderen Kindern nicht, auch nicht deren Bewunderung oder gar Neid.

»Als ich jung war, war ich so lebendig, lieber Gott!, und immer eigensinnig,« sagte sie. »Aber das, mein Söhnchen, ist wohl nicht gut, die Menschen können das nur schwer akzeptieren.«

Schon als Vierzehnjährige galt sie als kluges Mädchen, dessen Schönheit strahlte und anzog. Sie wurde geliebt, das Nesthäkchen im wohlhabenden Haus der Familie Radovanović, die schon immer ihre eigenen Angelegenheiten im Blick und sich in die anderer nicht eingemischt hatten. Sie waren nicht streitsüchtig, aber man wusste, dass man sie besser nicht erzürnte, auch wenn man sie nicht leicht und nicht oft erzürnen konnte. Sie waren aus der Herzegowina zugezogen, irgendwo aus der Umgebung von Bileće. An ihrem Glauben und ihrer nationalen Identität hielten sie mit besonderer Würde fest, als seien sie Gott weiß welche Herrschaften. Ihr Stolz und ihre Ehre war Onkel Milan, ihre Kraftquelle und ihr Schutzpatron. Im Jahr 1914, zehn Tage nach dem Veitstag, war er vor ihrem Haus von Angehörigen des Schutzkorps umgebracht worden, einer österreichisch-ungarischen Miliz. Sie sagten, er sei ein Verschwörer und sie hätten bei ihm Waffen gefunden. Für ihren Vater brach eine Welt zusammen. Und sie? Sie war verängstigt. Sie hatte den Eindruck, an dem Tag ihre Freiheit und Sorglosigkeit verloren zu haben, und daraus entstand unweigerlich Unruhe und Misstrauen gegenüber den Menschen. Bis dahin hatte sie ganz in Freiheit gelebt und jedem und allem um sich geglaubt. Diese erste Wunde, besonders beim Anblick der Schwester ihres Vaters, die am Verlust ihres Bruders litt, lehrte sie, was sie schon von den Älteren gehört hatte: dass es keine stärkere Liebe gebe als die einer Schwester zu ihrem Bruder. Alle wussten, dass sie stark sein mussten, sonst würde alles zusammenbrechen und verschwinden. Sie und ihr Bruder Milan begriffen, dass sie aufrecht sein und sich um die anderen kümmern mussten, obwohl sie immer noch Kinder waren. Diese Familientragödie stärkte ihren Charakter und lehrte sie, den großen Haushalt zu führen. So war aus dem Nesthäkchen eine Hausherrin geworden. Das war die Vorbereitung für all das, was noch kommen sollte.

Als die Zeit für die Ehe kam, kamen die Freier von allen Seiten. Einige wegen des angesehenen Hauses, einige wegen ihrer Schönheit, die weit und breit bekannt war. Sie fand sie alle uninteressant, langweilig, aufdringlich. Eines Tages kam einer allein, ihm räumte niemand eine Chance ein. Er war groß, mit außergewöhnlich breiten Schultern, riesigen Handflächen, blauen Augen, nicht schön, schweigsam – das Einzige, was er hatte, war sein ehrliches Lächeln. Ihre Eltern wollten ihn höflich bewirten und dann gleich verabschieden, denn er war keine gute Partie. Doch sie sagte: Den will ich. Er ist arm, sagten sie, er ist nichts für dich. Alles war vergeblich. Am Ende erlaubten ihr die Eltern, wenn auch widerwillig, Ljubo zu heiraten. Und tatsächlich, sie waren arm, aber er arbeitete viel, kämpfte wie ein Löwe. Sie liebte ihn, fühlte sich an seiner Seite sicher. Sie war flott und fröhlich, bekam Kinder, eines nach dem anderen; freute sich, versorgte sie, nähte, wusch, empfing Gäste und kümmerte sich um das Zuhause.

Die Kinder wuchsen heran, es waren acht, wie die Orgelpfeifen. Es waren lebhafte Kinder, aufgeweckt und so gesund, dass sie immer und alles essen konnten. Sie richtete sich nach ihnen und wollte, dass sie satt würden und sauber und schön angezogen waren. Sie dachte, dass sie es recht machte, und so war es auch. Andererseits geschah etwas Unschönes. Zwischen ihnen, den Eheleuten, wurde es kühler.

»Alles habe ich erwartet, aber das nicht von meinem Mann.«

Er kam spät nach Hause. War lustlos und müde. Bald brachte er kein Geld mehr nach Hause. Ljubos Frau wusste rasch, worum es sich handelte. Sie sagte ihm, dass es nicht in Ordnung sei. Wenn er nicht an sie denken wolle, solle er wenigstens an die Kinder denken. Er schwieg, schwieg ständig. Er quälte sich. Sie überlegte zu gehen, ihn zu verlassen, es ihrer Familie zu erzählen, aber alles, was sie getan hätte, schien ihr verhängnisvoll und unglückbringend. Die Erniedrigung, die ihr zugestoßen war, war nicht zu ertragen.

»Der Himmel wurde trübe, und der Boden wich vor meinen Füßen. Wohin ich auch immer sah: Finsternis. Doch die Kinder hielten meinen Rockzipfel fest. Wenn ich es meinem Bruder sagen würde, müsste einer dran glauben, entweder mein Bruder oder mein Mann, mit dem ich so viele Kinder hatte.« Doch allein der Gedanke an ihren starken und angesehenen Bruder gab ihr Kraft.

»Eines Morgens wachte ich auf«, sagte sie, »und mir war alles klar. Ich dachte, wenn er verrückt ist, bin ich es noch lange nicht. Ich umarmte meine Kinder und lebte weiter. Ich holte mir Rat bei einer klugen Frau und fragte sie, was ich tun sollte. Diese Frau hat mir einen Rat gegeben, den ich heute jeder Frau geben würde, die mich fragt, und es gibt viele, die solche Sorgen haben.

›Wenn er dein Mann ist,‹ sagte sie mir, ›kommt er zu dir zurück, und wenn nicht, dann bedeutet das, dass er es nie war.‹

Anderthalb Jahre dauerte diese Qual! Und er ist zurückgekommen.«

Sie lachte laut.

»So ein großer Mann, aber er war kleiner als ein Mohnkorn«, sagte sie. »Wie diese Sünde einen Menschen erniedrigen kann, mein Söhnchen, wie niemand und nichts anderes. Ich habe ihm nie Vorwürfe gemacht. Er hat sich geschämt. Und ich war wieder glücklich, weil sich gezeigt hat, dass er mein Mann war.«

Und tatsächlich, wenn irgendjemand etwas gegen ihn sagte, stand sie immer an seiner Seite, als beste und gewissenhafteste Anwältin der Welt.

Sie hatte die Kinder um sich versammelt, sie hatte sie mit ihrer eigenen Hände Arbeit ernährt, bis die Tragödie kam. Der Typhus nahm ihnen ihren Slavko.

»Er war kränklich und gutmütig, blass und zurückhaltend, ich hatte immer um ihn gebangt. Der Krieg brachte den Typhus und nahm mir meinen Slavko. Das sahen wir als Kriegsfolge an, wie auch den Tod meines Schwagers Nedjo im Lager von Jasenovac. Als alles vorbei war, dachten wir, dass wir gar nicht so übel durch den Krieg gekommen sind. Doch da traf mich der Blitz aus heiterem Himmel. Der Geheimdienst hat meinen Bruder Milan umgebracht, meine nie verschmerzte Wunde. Wie viele andere, die keine Kommunisten waren, haben sie ihn auch ins Gefängnis geworfen, aber er ist nicht zurückgekommen, er ist an den Prügeln gestorben. Man sagte, dass es ihn erwischt habe, weil ein gewisser Sakib auf seine Pferde und das Anwesen scharf war. Milan war zwar Tschetnik, aber alle wussten, dass er während des ganzen Krieges Menschen beschützt hat und dass es in seiner Gegend dank ihm keine Verbrechen gegeben hat. Aber das half ihm nicht. Es schadete ihm auch, dass er bei den Verhören im Gefängnis nur gerade dastand und schwieg. Er hat nur einmal gesagt, dass er sich für nichts und bei niemandem rechtfertigen müsse, Gott und das Volk wüssten, ob er Volksfeind sei. Das hat Sakib so gereizt, dass er ihn bewusstlos schlug.«

Wenn sie mir das erzählte, wünschte ich mir jedes Mal, den berüchtigten Übeltäter zu finden. Aber, als könne sie meine Gedanken lesen, fügte sie immer hinzu, dass der Übeltäter qualvoll gestorben sei und dass die Würmer schon an ihm fraßen, als er noch nicht tot war. (Es ist interessant, dass derselbe Geheimdienstkommandeur Sakib, der jetzt den Schimmel von Milan ritt, auch meinen Großvater Petar verhaftet hatte. Damals konnten sie meine Großmutter nur mit Mühe zurückhalten, weil sie den Mörder auf dem Pferd ihres Bruders gesehen hatte. Das klingt wie ein Epos, aber es war so.)

Slavko war still und gutmütig gewesen, er war siebzehn Jahre alt, als er starb. Der jüngere Sohn, Milan, war ihr Trost für den Verlust des Bruders und die vielen Qualen und Demütigungen. Milan war ein Sinnbild von Gesundheit und Kraft. Er war flink und fröhlich, und es war nicht klug, gegen ihn zu sein oder sich ihm entgegenzustellen. Er war der Schönste von den beiden. Er hatte die Schönheit und Klugheit von seiner Mutter, die Statur und Kraft von seinem Vater, wie aus einer spartanischen Schule. Mit einem Wort, der Trost der Eltern. Alles ging ihm von der Hand, jede Sportart, Leichtathletik, die Schule, und er liebte vor allem die Pferde. Einmal, als sie den Weizen einbrachten, wollte eines der Pferde nicht so, wie es sollte, und ein Mann schlug es gnadenlos. Milan rannte dorthin und nahm ihm die Peitsche aus der Hand.

»Lass nur, ich mache das mal«, fügte er sanft hinzu.

Das verängstigte Pferd schlug vor Angst aus und traf ihn an der Brust. Er fiel nicht hin. Er behauptete, dass ihm nichts fehle. Dann lag er lange, ohne jegliche Hilfe, bis die innere Blutung in der Brust das starke Herz des hochgewachsenen jungen Mannes anhielt. Er war sechzehn Jahre alt. Seine Mutter litt ihr ganzes Leben darunter, dass sie nicht dabei war.

»Und den ganzen Morgen hatte ich Gänsehaut, Angst. Ich war böse auf die Leute, weil sie ihn nicht ins Krankenhaus gebracht hatten. Mit diesem Tod konnte ich mich nicht abfinden. Als ob ihn mir jemand gestohlen hätte. Milans Tod habe ich nie verschmerzt.«

Wenn ihr die Tränen kamen, stand sie rasch auf. Schon an der Tür wischte sie die Tränen ab, drehte sich um und fügte leise hinzu: »So ist das Leben, mein Kind, man weiß nie, wann ein Unglück kommt.«

Ich wusste, dass sie das nur sagte, um etwas zu sagen, damit wir nicht beide zu weinen anfingen.

Mit Milans Tod verfinsterte sich für sie der Himmel, und die schwarze Erde drückte auf ihre Brust, gerade dort, wo Milans Wunde gewesen war. Eine offene Wunde. Mitten in der Brust. Sie ertrug diesen Schmerz, ohne darüber bei irgendjemandem zu klagen. Sie kämpfte mit dem Leben und um das Leben. Das Unglück hatte sie ihrem Mann und den übrigen Kindern noch nähergebracht. Und als die durch den Tod zweier Söhne in ihrer Brust entstandene Wunde vernarbt war, kam eine neue Tragödie. Ilija.

Ilija war kräftig. Er war nicht so groß wie Milan und nicht blond wie sein Vater. Er sah ihr ähnlich, der Mutter. Schwarzhaarig, gesund, schön, aufgeweckt. Von Natur aus schroff, aber gutmütig, grenzenlos mutig, wahnsinnig tapfer. Er kam als Soldat in Raška unter ungeklärten Umständen ums Leben. Man brachte ihn in einem Metallsarg. Das war im Jahr 1963, ich war noch nicht einmal geboren. Viel später habe ich verschiedene Geschichten davon gehört. Ich weiß nur, dass mein Vater, Ilijas Bruder, von einer Gruppe Soldaten und vielen Leuten nur mit Mühe daran gehindert werden konnte, diesen Metallsarg zu öffnen. Unsere Mutter erzählte uns, wie schrecklich es gewesen sei, als Großvater Ljubo das Gebäude des Generalstabs in Belgrad betrat und als er jemandem, der ihm sagte, dass niemand ihn empfangen könne, antwortete, er solle den Oberkommandanten der Jugoslawischen Volkarmee, den Genossen Tito, grüßen und ihm ausrichten, dass er ein Hundesohn sei, dem er den Hals umdrehen würde, wenn er ihm irgendwie in die Hände fiele. Für uns Kinder war es später lustig und merkwürdig, dass er, als er ein Fußballspiel von »Roter Stern Belgrad« gegen »Hajduk Split« anschaute, über das »Hajduk«-Team mit ihrem Genossen Tito fluchte. Wir wussten nicht, welchen tiefen Groll er gegen diesen »Genossen« hegte.

Aber über Ljubo sprechen wir ein anderes Mal und an anderer Stelle. Wir kehren zurück zu dieser ungewöhnlichen Frau. Wenn ich es aus dieser zeitlichen Entfernung betrachte, komme ich zu der Überzeugung, dass sie sich damals aufgerichtet und tapferer denn je gelebt hat. Sie arbeitete, beging die Feiertage und war allen zu Diensten. Niemals hat sie jemand weinen oder leiden gesehen und, was vielleicht am ungewöhnlichsten war, sie hatte Kraft zum Lachen. Und sie schlief fast nie.

In diesen Jahren, nach Ilijas Tod, erhielten sie Trost. Es kamen Enkelkinder zur Welt, sie wuchsen heran und spielten. Von den Kindern sind ihnen verblieben: Zdravko, Dušan, Dušanka, Mira und Radojka. Doch dann wurde mein Vater Zdravko krank und verstarb bald danach. Das war im Jahr 1971. Er war gerade dreiunddreißig Jahre alt geworden. Sie erzählte mir, dass der Großvater nach seiner Beerdigung nach Hause gekommen sei, die Kerze vor der Ikone angezündet und wütend Gott angesprochen habe:

»Ich frage dich nur, warum?« sagte er immer wieder. »Warum hast du mir meine Söhne weggenommen? Wie lange noch?«

»Streite nicht mit Gott, Ljubo«, versuchte sie ihn zu beruhigen. »Er weiß, warum.«

»Da beruhigte er sich«, sagte sie, »und die drei letzten Jahre verbrachte er in Stille und Reue. Jedes Jahr fuhr er mindestens einmal, manchmal auch zweimal mit dem Zug nach Ostrog. Das letzte Mal war 1973. Als er sich mit dem Quellwasser im Kloster gewaschen hatte, bekreuzigte er sich und sagte: ›Heiliger Vater Vasilije, ich komme nicht mehr zu dir, es ist Zeit weiterzugehen.‹ In jenem Jahr ist er verstorben.«

Savka ist immer noch auf den Beinen, die Tapfere. Und trotz ihres unermesslichen Schmerzes lebten wir doch gut, wir lachten, freuten uns, erzählten. Sie erzählte mir vielerlei und ich mochte besonders, wenn sie mir von dem Gespräch zwischen meinem Vater, kurz vor seinem Tod, ihr selbst und meiner Mutter erzählte. Zwei- oder dreimal hat sie mir davon berichtet. Das letzte Mal in jener Nacht vor ihrem Tod.

»Nach einer langen Nacht in unerträglichen Schmerzen schlief er ein, und hielt dabei die Hand deiner Mutter. Früh am Morgen, nach einem fünfminütigen Schlaf, wachte er auf. ›Kommt, wir singen‹, sagte er zu ihr, und sie sangen. Als der Morgen hell wurde, bat er sie, ihm Wasser von der Sokolina-Quelle zu bringen. Das Wasser brachte deine Tante Petra. Dann sagte er, dass alle hinausgehen sollten, außer mir und deiner Mutter. Er ist aus dem Bett aufgestanden, mein Söhnchen, als ob er nichts hätte. Er verlangte, dass ihm seine Frau Wasser auf die Hände schütte, damit er sich waschen könne. Dreimal hat er sich gewaschen, dann blickte er mich an und sagte: ›Diese Frau ist jung, es ist normal, dass sie wieder heiratet. Du, Mutter, lass nicht zu, dass meine Söhne hungern.‹ Er küsste seine Frau, bekreuzigte sich, legte sich ins Bett und hauchte seine Seele aus. Jetzt weißt du, warum ich dir heimlich immer wieder Geld gegeben habe. Ich wollte seinen Wunsch erfüllen. Obwohl es euch nie an etwas fehlte, war das Geld Zeichen meiner Liebe zu euch und der

Sorge, dass er mich nicht tadelt, wenn ich ihm, so Gott will, dort begegne …«

Mit der rechten Hand berührte ich ihre linke Wange, ihre Haut war weich wie Seide. Das beeindruckte mich angenehm, rief aber auch ein Gefühl von Trauer hervor. Ich überlegte, ob sie schon im Jenseits sei. Es beruhigte mich immer der angenehme Geruch ihres Zimmers, der ganz charakteristisch war, es roch nach verschiedenen Kräutern, nach Altem und Sauberem. Nie mehr ist mir ein solcher Duft begegnet, so natürlich und so beruhigend. Bis heute frage ich mich, was in jenem Zimmer so geduftet hat.

»Geh, mein Söhnchen, mit deinen Freunden, und denk nicht, dass ich dich nicht höre, wenn du zurückkommst«, sagte sie zu mir mit scherzhaftem Blick, ein wenig drohend und mit ganzer Kraft den Husten unterdrückend. »Zwanzig Jahre höre ich deine Schritte. Ich weiß, wie du atmest.«

So war es wirklich. Gleich zu welcher Zeit in der Nacht ich kam, oder zu welcher Jahreszeit, sie begrüßte mich immer vom Fenster mit ihrem Lächeln und Späßen, wenn ich nach Hause zurückkam.

Als sie spürte, dass ihr Ende nah sei, fragte ich sie, ob sie Angst habe und ob es ihr leid tue zu sterben.

»Hör mir gut zu«, plötzlich fasste sie meine Hand. »Du wirst Priester werden. Ich habe früher gedacht, ach, wenn ich nur dort meinen Kindern begegnen kann!« Hier begann sie zu weinen. »Aber, siehst du«, sammelte sie sich schnell, »jetzt stehe ich vor der Tür der Gerechtigkeit und ich glaube, du sollst wissen: Wer auch immer dir sagt, dass er keine Angst habe und dass es ihm nicht leid tue, ist ein Lügner.«

Sie war immer schon bis ins Mark ehrlich.

»Jetzt sehe ich, dass du weinst, aber dein ganzes Leben hast du gern gelacht und Spaß gemacht«, fügte ich hinzu. »Wie hast du das geschafft?«

»Ich habe heimlich geweint, alleine, damit mich niemand sieht, damit sich die Bösen nicht darüber freuen. Vielleicht auch, damit ihr anderen lebt. Geh jetzt und hol' den Priester!«

Als der Priester kam, sprach sie ihn mit »Doktor« an.

»Das ist nicht der Doktor, Oma«, riefen die Tanten.

Sie reagierten immer sofort auf alles. Sie drehte sich zu mir um und zwinkerte mir schelmisch mit einem Auge zu, als wollte sie sagen: »Die Tanten sind immer ein wenig naiv.«

»Gut, kein Doktor«, sagte sie. »Aber für mich ist er einer, denn jetzt brauche ich keine anderen Doktoren mehr.«

Sie starb in dieser Nacht. Wir beerdigten sie würdig. Ich schwieg nur und dachte, dass ich dem Priester beim Gesang helfen könnte, dass ich mich auf ihren Tod vorbereitet hatte und dass ihr Tod nicht so schwer und grausam war wie ihr Leben. Aber dort auf dem Friedhof, während der Beisetzung, war ich wie versteinert. Der Tag war sehr schön, die Sonne schien hell, doch ich schwieg wie begossen. Danach mied ich die Menschen, saß lange auf einem Stein, die Knie bis ans Kinn gezogen. Wie hat sie das nur gemacht, wie hat sie das ausgehalten, wie hat sie ihre fünf Wunden verkraftet? Endlich kamen mir die Tränen, die Tränen einer Glückseligkeit, die die Versteinerung schmelzen lassen und Antworten auf das Unerklärbare geben. Vielleicht haben auch ihr Tränen, vor allen verborgen, Antworten gegeben, die Menschen nicht geben konnten und manchmal auch nicht geben wollten.

Die Sorge

»Man soll mir ein Kreuz und eine kleine Ikone des Heiligen Georg in die Hände geben. Von der Stunde meines Todes bis zum Ende der Bestattung soll vor der Ikone des Heiligen Georg im Wohnzimmer die Öllampe brennen, und auf dem Tisch davor soll eine große Kerze im Kerzenständer brennen. Auch vor dem Sarg soll eine Kerze brennen. Es darf nicht vergessen werden, Kerzen für alle Anwesenden zu besorgen. In der Todesanzeige soll stehen: ›Er ist im Herrn entschlafen‹. Božo und Tomo sollen das Grab öffnen, und sie sollen in der Ecke die Überreste meines Bruders und meiner Schwester, die in eine Decke gewickelt sind, nicht berühren. Den Rest wissen sie ...«

Diese Mitteilung hat seine Ehefrau gefunden, wenige Stunden, bevor er uns verlassen hat. Es scheint mir, dass diese paar Sätze mehr über ihn sagen als Tausende von anderen, von mir.

Wer war dieser Mann eigentlich?

Sein Vater war Färber, der aus einem kleineren Nachbarort stammte. Er war als junger Mann in die Stadt gekommen und hatte bald, durch eigene Mühe und Arbeit, ein Haus im Stadtzentrum am Flussufer erworben. Er war ein ungewöhnlich starker, energischer und mutiger Mann. Man erzählte, dass er Anfang des Zweiten Weltkriegs einer der Führer der Widerstandsbewegung gewesen sei, weswegen er im Jahr fünfundvierzig, einen Tag vor der Befreiung, als Volksfeind im Stadtpark, vor der Kathedralkirche, mit noch vier anderen, die das gleiche Urteil ereilt hatte, erschossen worden sei. Ihnen war gesagt worden, dass sie in den Park gebracht würden, um dort eine Grube für angeblich verendete Pferde auszuheben, aber in Wahrheit war diese Grube für sie selbst. Als die Gruppe der Jungkommunisten sie antreten ließ, zerriss er sein Hemd und stieß vor den Läufen durch die zusammengebissenen Zähne aus:

»Schießt, ihr Feiglinge!«

Die Mutter blieb nach der Erschießung des Vaters mit ihren Kindern allein. Das mittlere Kind, eine Tochter, starb mit fünfzehn Jahren an Tuberkulose, Armut und Hunger. Ihr fünfjähriger Sohn starb bald danach, wahrscheinlich an Diphtherie, und zwar in einem Zug, als sie mit ihm aus Belgrad zurückfuhr, wo die Ärzte festgestellt hatten, dass es für ihn keine Heilung gäbe. Seine Mutter trug den Toten bis nach Hause. Im Zug hatte sie sich den Tod nicht anmerken lassen, damit man sie nicht auf halber Wegstrecke aus dem Zug würfe.

Er, der Hauptheld dieser Geschichte, überlebte irgendwie, trotz Armut, Krankheiten und Krieg. In allem war er seinem Vater ähnlich, besonders in seiner Gestalt und seiner Würde. Er war besonders begabt und immer unter den Ersten, beim Schwimmen, beim Wasserball, im Schauspiel, beim Rezitieren. Da er sich von den Gleichaltrigen unterschied, hatte man ihn schon in der vierten Klasse des Gymnasiums zu einem Gespräch eingeladen und ihm gesagt, man wolle ihn dadurch ehren, dass er Parteimitglied werden solle. Er war verwirrt und verängstigt. Er konnte seinen Vater nicht verraten, denn sie hatten ihn schließlich umgebracht. Zum Glück fügte einer der Vorschlagenden dieser Ehrung hinzu:

»Gut, überlege es dir mal und sage es uns morgen!«

»In Ordnung«, murmelte er leise und verängstigt.

Er kam nach Hause und erzählte alles seiner Mutter.

»Mutter, ich will nicht, und wenn sie mich umbringen«, sagte er stolz.

Seine Mutter weinte, dann richtete sie sich entschlossen auf:

»Du wirst auf deine Mutter hören!«

»Ja, Mutter, das werde ich, alles, nur in die Partei will ich nicht.«

Sie kniete sich vor ihn hin, schluchzte auf, und dann beschwor sie ihn:

»Du bist alles, was ich auf der Welt habe. Ich habe drei verloren, ich will dich nicht auch noch verlieren! Lass dich aufnehmen und halte dein Herz heraus! Lass sie nie erfahren, dass du gegen sie bist! Lass deine Mutter nicht auch noch das Einzige verlieren, was ihr auf dieser Welt geblieben ist.«

Er hörte auf den Rat der Mutter; kurz danach schrieb er sich an der Medizinischen Hochschule in Belgrad ein und verließ die Stadt. Im dritten Studienjahr erkrankte er an Tuberkulose. Ein ganzes Jahr war er in verschiedenen Sanatorien im ganzen Land, und dieses Studienjahr versäumte er. Als er gesund wurde, beendete er sein Studium und heiratete eine schöne Montenegrinerin. Sie gingen in seine Heimatstadt, wo er sofort seine Arbeit aufnahm, als Gynäkologe. Er half jedem und tat viel Gutes, und bald hatte er den Ruf eines ausgezeichneten Arztes. Die Frauen verlangten, dass er sie behandeln oder bei der Geburt dabei sein solle. Er schonte sich nicht, oft blieb er nächtelang im Krankenhaus. Als seine Frau ihn nach drei Nachtdiensten hintereinander fragte, warum er nicht nach Hause komme, sagte er, es müsse sein.

»Sie warten nur darauf, dass ich einen Fehler mache, damit sie mich bestrafen und einsperren können«, fügte er mit unterdrückter Stimme hinzu.

Trotz seiner erfolgreichen Karriere als Arzt, seiner guten Frau und seiner beiden Töchter spürte er ein gewisses Unbehagen, dessen Ursprung er nur allzu gut kannte. Er war mit dem System unzufrieden, mit der Verwaltung, und er hatte immer den Eindruck, unter einem Vergrößerungsglas zu sein, genau beobachtet zu werden, jede seiner Aktionen, bis er einen Fehler machen würde. Allmählich entwickelte er eine besondere Art von Vorsicht, die im Verlauf der Zeit immer größer wurde.

Als ich ihn kennenlernte, war er schon im fortgeschrittenen Alter, in den ersten Tagen meines Aufenthalts in der Stadt unterhalb des Leotar[11]. Auch wenn wir uns nicht häufig trafen, verstanden wir uns ohne viele Worte. Bald entwickelten wir eine besondere Nähe. Ich fühlte, dass er mir wohlgesonnen war und dass er sich um mich Sorgen machte, was er nicht selten auch sagte, im Verborgenen, damit es niemand hörte.

»Pass auf dich auf, das sind Mistkerle.«

Wenn er sicher war, dass wir irgendwo allein waren, vor der Kirche, im Eingangstor, sagte er leise und überzeugend, die Augen voll Tränen:

»Pass auf dich auf, ich bitte dich, du kennst sie nicht, das sind Mörder!«

Manchmal fragte ich ihn mit einem Lächeln, warum er um mich Angst habe und warum »sie«, diese Menschen, mich so hassen sollten.

»Begreifst du das nicht?«, wunderte er sich aufgeregt. »Du bist das, wogegen sie sind. Pass auf dich auf!«

Manchmal umarmte er mich und sagte, ich solle durchhalten, es sei ein großer Druck.

»Was für ein Druck?«, fragte ich ihn.

»Alle ihre Kräfte sind dagegen gerichtet.«

»Gegen wen?«, fragte ich hartnäckig.

»Na, gegen die Kirche, siehst du das denn nicht?«, war er überrascht.

Er war auch weiterhin wunderbar, edelmütig, bescheiden und gesellig. Manchmal wurde er wegen seiner Zerfahrenheit und Befangenheit ausgelacht, aber er tat so, als merkte er es nicht.

Tage und Jahre vergingen. Unsere Freundschaft festigte sich mit der Zeit, obwohl wir nie mehr als einige Sätze gewechselt haben. Kurz vor seinem Ende kam seine jahrelang angehäufte Angst zu einem Höhepunkt. Wenn er ein Telefon hörte, sagte er voller Angst, dass das die Polizei sei, um ihn abzuführen. Er war ständig in Alarmbereitschaft, für sich und für die Menschen, die er liebte.

Er verstarb dann plötzlich nach kurzer Krankheit, umgeben von der Liebe und Aufmerksamkeit seiner Liebsten. Ich war bedrückt, als ich die Nachricht von seinem Tod erhielt. Ich sprach an seinem Grab, erzählte, dass er alles, was er als Arzt an Geschenken bekommen habe, wieder als Geschenk verpackte, um keinen von den Gebern zu verletzen, und dann an die Armen verteilte. Ich sagte nicht, dass er Angst hatte, als man seinen Vater vor der Kathedralkirche umgebracht hatte und als er in der vierten Klasse des Gymnasiums in die Partei eintreten musste. Alle, die ganze Stadt, wussten, dass er keiner Ameise etwas zu Leide getan oder jemandem geschadet hatte. Alles war darauf ausgerichtet, dass er ein schlechter Mensch werden würde, die

Zeit, das System, die Menschen, er aber war gut; alles war darauf ausgerichtet, dass er habgierig werden würde, aber er war großzügig. Er war ein Mann Gottes, von ganz aufrichtigem und echtem Glauben. Selten waren solche Menschen. Nur außerordentlich begabte Persönlichkeiten wie er, in deren Leben sich die Tragik einer Zeit widerspiegelt.

Gräber

In meiner Kindheit mochte ich keine Friedhöfe. Kein Kind mag sie. Immer verspürte ich einen leichten Schauder, wenn ich an einem vorbeiging. Der erste, den ich gesehen habe, war der im unwirklichen Ort meiner Geburt. Ich sage unwirklich, weil ich auch heute noch, wenn ich jemanden nach Planinica bringe, das Gefühl habe, ihn aus der Wirklichkeit gebracht zu haben, und mir scheint, dass dieser Jemand das Gleiche verspürt. Und ihr, die ihr das lest – wenn ihr zufällig dorthin gelangen würdet, dann schiene euch alles, was ihr mit eurem Blick erfasst, genauso – unwirklich.

Eine harte Realität war der Friedhof. Er befand sich auf einer Erhebung, als habe jemand den fruchtbaren Boden sparen wollen. Auf ihm waren verschiedenartige Gräber, darunter auch das meines Vaters. Die meisten hatten ein weißes Kreuz aus Stein. Da wir aber nahe an einem Städtchen lebten, das reich an Eisenerz war, gab es auch einige schöne schmiedeeiserne Kreuze. Sie sind verschwunden. In unserer Zeit kamen die schrecklichen schwarzen Granitplatten auf. Vor ihnen hatte ich am meisten Angst. Es gab auch einige Obstbäume auf unserem Friedhof, aber keinem von uns wäre es eingefallen, ihre Früchte zu essen. Wenn es im Dorf ein *verrücktes* Kind gab, sagte man von ihm, dass es Birnen vom Friedhof esse. Oft wünschte ich mir, allein zu Vaters Grab zu gehen, um mit ihm zu sprechen, als ob er lebte. Über alles.

Ihm alles zu erzählen, was vor den Friedhofsmauern geschehen ist, und mit ihm die Kinderqualen und Kindersorgen zu teilen. Ich bin aber nicht hingegangen. Ich hatte Angst, und ich schämte mich, diese Angst irgendjemandem einzugestehen.

Als ich etwas größer war und in die Grundschule ging, kamen wir jeden Tag am Friedhof von Trifković vorbei. Er war mitten im Tannenwald, am Bach von Trifković, unten an der grünen Wiese. Sie wurde, wahrscheinlich wegen der vielen Kiefern, die rundherum wuchsen, Borje (Kiefernwald) genannt. Tagsüber fiel es uns nicht schwer, am Friedhof von Trifković vorbeizugehen, aber in der Nacht, wenn wir verspätet nach Hause zurückkehrten, sah alles andere überwindbar aus: der Bach und der Wald und das Große und das Kleine Tal und der Berg Smiljevo und das Zidina-Feld und der Prijeka-Acker – alles außer dem Friedhof von Trifković. Er wirkte gruselig. Noch schrecklicher war der Gedanke, dass jeden Augenblick ein weißer Geist aus seinem dunklen Hügel aufstehen und uns erschrecken könnte.

Ich habe damals auch andere Friedhöfe gesehen, aber nur aus der Ferne. Lange Zeit betrachtete ich sie mit Schaudern und aus der Distanz. Als ich erwachsen wurde, hat sich dieses Unbehagen auf merkwürdige Weise in sein Gegenteil gekehrt. So habe ich in meinen Studententagen die langen Spaziergänge über den Neuen Friedhof in Belgrad liebgewonnen.

Später, im Krieg, kam die scheinbar vergessene Abneigung aus meiner Kindheit zurück – ich begann wieder, Friedhöfe und Gräber zu scheuen. Aber jetzt aus anderen Gründen: Ich habe in traurigen Gräbern junge Menschen bestattet, deren Jugend unnatürlich und gewaltsam beendet worden war. Ihre Gräber waren nicht vorbereitet, sie wurden spontan ausgehoben, als hätte sich die Erde dagegen gewehrt. Und alles sah aus wie diese Gräber: betoniert, gefroren, traurig, erbärmlich. Am meisten erinnere ich mich an die Dunkelheit, die lehmige Erde und die Worte: »Erde bist du, und zur Erde kehrst du zurück.« Und so ging es vier Jahre lang, von Grab zu Grab, von Friedhof zu Friedhof, mit versteinertem Herzen und vereistem Gehirn, im Schock, mit zusammengepressten Zähnen. Von Trebinje, Orovac und Zubci bis zu den Friedhöfen von Bileća und Gacko, bis nach Borci. Und immer mit demselben Gedanken: was für ein schrecklicher Ort der Friedhof und was für eine kalte Wohnung das Grab ist. Doch dann begann sich wieder alles aufzuhellen, am häufigsten und am stärksten durch die Begegnung mit alten Gräbern: Je älter sie waren, umso mehr strahlten sie. Wunderbare Gräber mit den schönen Kreuzen aus der Herzegowina, in Zavala und Orašje, Prebilovci und Mostar. Kreuze aus Stein, beständig, zugleich bescheiden und herrschaftlich, und schließlich eine Begegnung mit Dutzenden uralter, schöner und einfacher Kreuze auf dem alten Friedhof von Žitomislić, als seien sie unter die hundertjährigen riesigen Kiefern und die schlanken, hochgewachsenen Zypressen gesät. Dort verlor ich die Angst vor Friedhöfen völlig und das gut bekannte Unwohlsein verschwand spurlos.

Heute lebe ich neben einem Friedhof, dem Alten Friedhof in Bjelušane, in Mostar. Das erste, was ich jeden Morgen sehe, wenn ich aufwache, sind die ewigen grauen Gräber, mit Moos bewachsen und mit der Umgebung verschmolzen, dass man sie fast nicht erkennt. Als seien sie schon ewig dort. Jedes Mal, wenn ich dieses Bild sehe, klingen in meiner Seele die prophetischen Verse von Aleksa Šantić: »Und wenn ihr uns das Männerleben nehmt, werden unsere Gräber gegen euch kämpfen.« Dichter sehen, wie immer, weiter und tiefer als die anderen. Dank des alten Friedhofs in Bjelušane hatten wir etwas, wohin wir nach dem Krieg zurückkehren konnten.

***

Es gibt drei Gräber mit drei weißen Kreuzen, zu denen ich sehr selten gehe, die aber nie aus meinen Augen und aus meiner Erinnerung verschwinden. Auf diesen Kreuzen sind die Namen Lazar, Anastasia und Anja eingemeißelt. Unter ihren Namen steht, dass sie in der Hoffnung auf Auferstehung und auf das Ewige Leben verstorben sind. Ich gehe selten zu Gräbern, aber immer wenn diese drei weißen Gräber vor meinen Augen stehen, ist es, als begegnete ich der Ewigkeit, im Wissen, dass niemand niemals auch nur für einen Augenblick stirbt.

Gräber sind tatsächlich Punkte, von denen wir bestimmt werden, sie sind alles und das Einzige, das wir in diesem Leben haben. Wenn ihr die Vergangenheit eines Ortes erkunden möchtet, geht am besten auf die Friedhöfe. Dort ist die Geschichte aufgeschrieben. Sie erinnern sich am längsten und am besten.

Das Zentrum der Welt, die Achskraft, der Drehpunkt, um den sich das Universum dreht, das ist ein Grab, das Grab Christi. Es befindet sich im Mark, im Zentrum der wichtigsten Stadt der Welt und vielleicht aller Welten – in Jerusalem. In der Herzegowina hat jeder Friedhof in seiner Mitte eine Kirche, eine Kapelle. Seit kurzem hat jede Karstgrube, jedes Massengrab, und davon gibt es viele, eine Kirche mit einer Kuppel, dem Symbol des weggewälzten Steins vom Grab, über das die Welt keine Autorität hat, denn ihm ist der Himmel geöffnet, und es ist vom Leben umfangen. Ich glaube, dass alle Gräber dieser Welt auf jenes Grab in Jerusalem ausgerichtet und verwiesen sind, aus dem das Licht der Auferstehung des Lebens erstrahlt ist.

In diesen Tagen beenden wir den Bau der Kirche, die nach dem Vorbild des Tempels auf Golgatha, auf dem Grab Christi, gebaut wurde – die Auferstehungskirche. Ich glaube, dass alle Gräber in der Herzegowina, alle abgrundtiefen Gruben, auf diese Kirche hin ausgerichtet sind, auf das Grab der Neumärtyrer der Herzegowina, die zweimal getötet wurden, die aber immer wieder, wie das Licht des Lebens, erschienen sind. Wie in Pribilovci alle unsere Flüsse zusammenfließen, die Neretva, die Trebišnjica und die Bregava, und in ihnen alle anderen Gewässer, so fließen auch in diese Kirche alle unsere Tränen, Hoffnungen und Freuden zusammen. Zum Fundament dieser Kirche wurden die Gebeine der Märtyrer aus Pribilovci, und die Auferstehungskirche in Pribilovci ist das Fundament unseres Glaubens – Hoffnung voller Freude, mit Sinn erfüllte Liebe.

Filip

Ich kannte einen guten Menschen, einen Herzegowiner, und ich kenne ihn immer noch. Es würde lange dauern, seine Erscheinung und sein Aussehen zu beschreiben, denn er ist wirklich außergewöhnlich. Aber da er nicht die Hauptfigur unserer Geschichte ist, sondern der Vater des Helden, über den ich sprechen möchte, werde ich nur erwähnen, dass es sich um einen Hünen handelt (das sage ich ohne Übertreibung), ungewöhnlich scharfsinnig und mit ganz kindlichen Herzen. Ähnliches ließe sich auch über seine Ehefrau sagen: eine typische Frau aus den Bergen der Herzegowina, die schon bei der ersten Begegnung den Eindruck hinterlässt, dass sie nicht nur das ertragen kann, was ihr das Schicksal bestimmt, sondern sogar mehr als ein lebender Mensch ertragen kann.

Ihren Sohn Filip habe ich etwas mehr als einen Monat vor seinem Tod kennengelernt. An ihm ließen sich auf wundersame Weise alle Tugenden seiner Eltern und Vorfahren sehen. Klarer Blick, dunkles Haar und helle Hautfarbe, kräftiger Körperbau: Das alles war achtunggebietend. Obwohl ihm eine schwere Krankheit jahrelang zugesetzt und er Hunderte Nächte schlaflos verbracht hatte (oder hindämmernd, halbsitzend, auf die eigenen Hände gestützt), sah er würdevoll aus, so wie man tödlich verwundete Helden darstellt.

Viele Dinge interessierten ihn und er wusste alles Mögliche, von Mathematik und Physik bis zur Agronomie und Theologie. Und das, was er wusste, wusste er nicht oberflächlich und informativ, sondern tiefgründig und vollständig, den Kern der Sache treffend, mit der Hingabe eines Wissenschaftlers. Am meisten wusste er über seinen geliebten Sportverein »Partisan«, alles, was darüber zugänglich war, und er blieb ihm (und allem, was »Partisan« für ihn bedeutete,) bis zum letzten Atemzug treu. Er machte gern Späße, aber niemals grob und ironisch, wie es seinem Alter entsprochen hätte, sondern immer kindlich harmlos und geistreich.

Alle diese Eigenschaften zeigten sich auch in der Art, wie er mit seiner Krankheit umging. Mit jenem Eifer, wie ihn die fähigsten Ärzte der Welt haben, brachte er alles über diese Krankheit in Erfahrung. So war ihm völlig klar, dass sein Ende unweigerlich nahte. Es war schon schwer, mit jemandem zu sprechen, der solche Schmerzen durchmachen musste. Noch schwerer war es mit jemandem, der seinen eigenen Tod schon überstanden hatte. Ich habe ihm einige Male die Kommunion gereicht. Das war für mich immer ein geistiges Erlebnis. Es schien (und ich wusste, dass es so war), als geschehe das alles schon »im Jenseits«. Als stürbe der Tod langsam vor seinen Augen, und das Leben käme, um Ewigkeit zu werden.

Er starb am selben Tag wie unser seliger Patriarch Pavle. Ich konnte bei seiner Beerdigung nicht dabei sein, und bis heute (das gebe ich mit Unbehagen zu) bin ich nicht zu seinem Grab gegangen, noch habe ich mich richtig mit seinen Eltern getroffen. Dennoch erinnere ich mich daran, dass mir, als ich vor dem Sarg des heimgegangenen Patriarchen stand, das Antlitz von

Filip Milojević in den Sinn gekommen ist, leuchtend und vom Schmerz befreit, lachend und ganz lebendig. Ich habe begriffen, dass sein Kampf ums Leben erfolgreich war, weil alles auf einmal ehrlich und harmlos wurde, so wie es auch seine leidenschaftliche Begeisterung für »Partisan« war. Davon zeugt auch, dass sich an seinem Totenbett nicht nur alle versammelten, die die Ehre hatten, seine »Nächsten«, seine Freunde, zu sein, sondern auch diejenigen, die ihn nur kurz kannten. Als ich die Menschen sah, die zum Sarg des seligen Patriarchen traten, und mich selbst in Gedanken dem Sarg dieses Jungen näherte, wurde mir klar, dass sich im Tod der Menschen tatsächlich ihr ganzes Leben spiegelt. Diese Wahrheit ist mir in einem Moment ganz offensichtlich geworden. So sehr sie sich auch auf dieser Welt und in dieser Zeit gemüht haben, wenn sie »dem Tod auf der Liste standen« und ihm tapfer in die Augen blickten, vereint mit Gott, wurden und blieben sie mutige Unsterbliche.

Seither, bis heute (ich glaube, für immer) kann ich mir Filip nicht anders vorstellen denn als lebendig, gesund und fröhlich, wie er Tausenden ebenso lebendigen, freudigen und harmlosen Fußballfans vorangeht. Er geht ihnen voran, und er bringt sie an einen Ort, wo es keinen Hass, kein Leid und keinen Schmerz gibt. Als wolle er ihnen allen verkünden, dass das Leben doch siegt. Dieses sein Aussehen hilft mir in Zeiten von Mutlosigkeit und Leid in kaum beschreiblichem Ausmaß. So machen der Tod eines großen und guten Menschen und die Erinnerung an ihn das Leben der Lebenden und den Weg zum Schöpfer besser und größer.

Anja

Am schwersten sind die Nächte nach einem großen Unglück, nach einem Todesfall, oder nach einer Beerdigung, Nächte, denen vielleicht Sorgen, Krankheiten und Konflikte vorausgegangen sind. Solche Nächte bleiben für immer in Erinnerung, sie schneiden sich dauerhaft ins Gedächtnis wie eine schlimme Narbe. Auch wenn man gar nicht glaubt, dass man einschlafen kann, bedrückt von Müdigkeit und Schmerz, legt man sich ins Bett und bedauert, dass es kein Grab ist. So war es in der Nacht, als wir auf dem Friedhof vom Tvrdoš Anja beerdigt haben.

Ich vermied die ganze Zeit den Gedanken daran, dass sie gestorben ist. Wie durch Nebel erinnerte ich mich an alles, an das letzte lange Gespräch in der Alten Kirche in Sarajevo, an die Tränen, die unerklärlich waren, an die Sehnsucht nach dem Leben, das es hier nicht gibt. Ich erinnerte mich an die Vorschläge, was man in einem Brief auslassen oder berichtigen sollte, der in diesen Tagen viel Wirbel in der Öffentlichkeit gemacht hat. Ich erinnerte mich an die letzte Begrüßung, als ich mich bückte, um sie zu küssen, und wie ich ihr etwas über die Liebe zuflüsterte, die Christus ist und zu der sie hinging, und die sie bei uns nicht finden konnte, obwohl sie selbst Schenkerin dieser Liebe gewesen war. Ich erinnerte mich an ein Gedicht. Dann aber schlossen sich die bleischweren Lider stärker und fester als irgendein Grabdeckel – in der Grabesfinsternis meiner Seele war ich allein geblieben. Ich dachte, das sei es, hier gibt es kein Entrinnen. Schauder, Angst und Gleichgültigkeit gegenüber der Dunkelheit schmiedeten meine Schultern ans Bett; ich war überzeugt, dass es keinen Ausweg gab. Verzweiflung und Hoffnungslosigkeit sind viel zu sanfte und kraftlose Worte für das, was ich damals empfand. Keinen Augenblick dachte ich darüber nach, was um mich herum geschah, dass mein Bild auf den Titelseiten aller Zeitungen war. Das wurde plötzlich zu einer bedeutungslosen Vergangenheit; dieses Blatt Papier, das alle aufwühlte, hatte nur dadurch Bedeutung, dass sie an seiner Abfassung und damit dem Aufruhr beteiligt war. Aber half das denn jetzt irgendetwas? Ich dachte, dass ich lebendig gestorben sei, und wie schwer es morgen für mich sein würde, mich als Toter unter Lebenden zu bewegen.

In diesem Augenblick klopfte jemand fest an die Tür. Ich konnte meine Augen nicht öffnen. Ich stieg die glatte Treppe hinab, mit geschlossenen Lidern. Es war stockfinster. Wer konnte das denn jetzt sein? Ich öffnete die Tür, es war Dezember, ich begriff, dass ich barfuß war. Das gelbliche Licht des eisigen Morgens öffnete mir sanft die Augen – sie stand vor der Tür, mit ihrem Rucksack auf dem Rücken: Sie lachte wie nie, lachte freudig, klug, aufrichtig, siegreich. Sie lachte, und ihre weißen Wangen waren voller Leben, sodass es schien, als schmelze auf ihnen der morgendliche frostige Tau. Dieses Lachen war zurückhaltend, aber großartig. Ich hörte kein Geräusch, sondern sah nur ein reines, lachendes Gesicht, und dann winkte sie mir entschieden und ausgelassen zwei-, dreimal mit der rechten Hand zu: Gehen wir! Ja, ja, dachte ich, aber ich bin barfuß … Dieser mein Gedanke brachte sie zum Lachen; ich hatte den Eindruck, dass sie sagte, als ob das jetzt wichtig sei – du siehst, dass ich lebe, komm, lass uns gehen. Ich lebe … Da erinnerte ich mich, dass wir sie gestern beerdigt hatten. Und an alles, was geschehen war: die Reise, die Tränen der Eltern, das Gespräch, die Sorge, das Leid. Doch was ich jetzt sah, war genau das Gegenteil. Dieser Gegensatz, dieser Widerspruch öffnete die zwei schweren Steinplatten meiner Lider, ich war ganz wach und nur für einen Augenblick verängstigt, dann aber ganz und völlig verklärt.

Ich erzählte den mir Nahestehenden, und nur ihnen, was geschehen war, und hoffte, dass es tröstlich für sie sein könnte. Vielleicht war es das auch, aber niemand, niemand konnte ihnen diese Begegnung mit dem Leben und die unwirkliche Freude dieses Gesichts beschreiben. Nach einigen Tagen schenkte mir ihr Vater ein Foto aus St. Petersburg, das ich vorher nicht kannte. Sie war darauf genauso angezogen wie an dem Auferstehungsmorgen, mit dem gleichen Rucksack auf dem Rücken. Nur war diese Freude aus meinem Traum, der in den folgenden Tagen und Jahren zu einem unermesslichen Trost wurde, weit entfernt. Und was ich auch immer über sie sage und denke, über dieses edle Wesen, macht diese postume Begegnung bedeutungslos, nichtig. Ich hatte überlegt, euch von der Zypresse zu erzählen, neben der sie beerdigt wurde, die vor meinen Augen verbrannte, dann aber wieder ausschlug und grünte, als habe das Feuer seine Farben noch verstärkt; ich hatte überlegt, euch von der kleinen Kirche zu erzählen, neben der sie bestattet wurde, von ihrer Architektur, der Farbenfülle, der Verspieltheit und den Jahrhunderten, die die Kirche trägt und in den Gebeinen in ihrer Krypta bewahrt … Ich hatte überlegt, euch von ihren Vorhersagen zu erzählen, dem zarten Wunsch, unter dieser Zypresse zu Füßen der Kirche zur Ruhe zu kommen, darüber, wie alles wahr wurde, als habe eine mächtige Zarin das Testament geschrieben, und nicht die zerbrechlichste Seele, der ich in meinem Leben begegnet bin. Vieles habe ich mir gewünscht, aber nichts war dem Geheimnis dieses Lachens ähnlich, nichts war seiner würdig und der klaren Einladung, die sagte: Komm, wir gehen von hier, ich habe einen Platz gefunden, wo es kein Leid und keinen Schmerz gibt.

Nemanja

Es war, glaube ich, gegen fünf Uhr nachmittags, das Wetter war angenehm warm. Durch die Baumkronen schienen immer noch einige Septembersonnenstrahlen und erzeugten beim Zusammentreffen mit dem blaugrünen Gras ein ungewöhnliches Lichtspiel. Etwa zwanzig Meter von der Kirche entfernt stand ein Junge und schaute auf die Erde. Er war allein und schien traurig zu sein. Ich ging auf ihn zu, blieb drei, vier Schritte vor ihm stehen und wartete ab, dass er mich anblickte. Er hob schamhaft seinen Kopf und öffnete seine großen schwarzen Augen – er war ungewöhnlich schön und ja, ich hatte richtig geraten, er war traurig.

»Wie geht es dir?«, fragte ich.

»Gut«, antwortete er leise.

»Warum bist du traurig?«, fragte ich ihn.

Er öffnete wieder seine großen Augen und schaute mich etwas verwundert an.

»Ich bin nicht traurig«, sagte er.

»Warum bist du dann allein?«, fuhr ich fort.

Er schaute zur Seite, als wollte er sagen: »Ich weiß nicht, warum ich allein bin.«

»Wie ist dein Name?«

»Ich heiße Nemanja Ćurić.«

Danach fragte ich ihn, in welche Klasse er gehe, und stellte noch einige ähnliche Fragen. Am Ende fragte ich ihn erneut, warum er allein sei.

»Ich wäre ebenso wie du allein, wenn mich die anderen Kinder verletzt hätten«, fügte ich hinzu.

Er hob seinen Blick. Ich bemerkte in seinem Gesicht Überraschung und Freude.

»Ich muss gehen«, fügte er hinzu.

»Na dann, Nemanja, du bist ein guter Junge, und lass dich nicht von den Menschen verletzen.«

Seit dieser Begegnung waren viele Jahre vergangen. Das zweite Mal begegnete ich ihm, als er schon Gymnasiast war. Er war immer noch derselbe, jetzt schon ein großer, gesunder und offensichtlich mutiger junger Mann. Er begegnete mir vor der Kirche mit einigen Kameraden und bat mich, als kenne er mich schon eine Ewigkeit, um den Segen, damit sie eine Fußwallfahrt zum Kloster Ostrog machen könnten. »Gut«, sagte ich zu ihm. »Und was machst du so?«, war ich neugierig.

»Ich trainiere Schwimmen«, antwortete er. »Ich bin Schwimmer.«

In den folgenden Jahren habe ich ihn unter den jungen Männern erkannt, die am Tag der Erscheinung des Herrn in die Trebišnjica sprangen. Wenn er aus dem Fluss stieg, begrüßte er mich. Er freute sich, den Fluss und die Kälte besiegt und sich in der Reinheit des Feiertages gewaschen zu haben. Auch sehe ich ihn vor mir, wie er aus dem Wasser steigt und mich mit denselben großen schwarzen Augen anschaut, in deren Tiefen sich immer noch dieselbe Schwermut erahnen lässt wie an jenem Tag, als ich ihm zum ersten Mal im Park unserer Kirche begegnete.

***

Es war im Mai, wenn in Mostar schönes und angenehmes Wetter ist. Blühende Bäume und Wärme, das Leben sprießt von allen Seiten. Man spürte, dass der Sommer kommen würde, mit seiner unerträglichen Hitze. Ich stand auf dem kleinen Balkon des Diözesanhauses und betrachtete Mostar. In diesem Augenblick kam eine SMS: »Das ist schrecklich, das Leben ist grausam, ich habe Angst, ich bin Mutter, habe Kinder.« Ich fragte, was geschehen sei, sie antwortete, dass der Sohn einer Freundin umgekommen sei, ein Abiturient, letzte Klasse des Gymnasiums. Ich sagte die üblichen Worte, dass das Leben eben so und so sei, dass wir nicht wissen, warum, dass wir mutig sein sollen … Ich fragte nicht, wer der junge Mann sei, der ums Leben gekommen war. Erst nach drei oder vier Tagen klickte ich eines der Informationsportale von Trebinje an, auf dem unter anderem auch ein Artikel über einen schrecklichen Autounfall stand. Ganz oben im Artikel war ein Foto des verunglückten jungen Mannes, aus dem heraus mich Nemanjas große schwarze Augen anschauten.

Ich bin bisher seinen Eltern viele Male begegnet. Oft erzählten sie mir, dass er mich gemocht habe, und dabei sind wir uns höchstens viermal im Leben begegnet. Seine Mutter fragte mich oft schmerzerfüllt: »Warum?« Sie wiederholte es ohne Zorn, aber in unbeschreiblichem Schmerz: »Warum?«. Immer, wenn ich nach einer Antwort suchte, tauchten vor mir diese tiefen Augen auf, in denen sich Freude und Leid, Zeit und Ewigkeit vermengten. Bis heute habe ich es nicht geschafft, und es ist schon einige Jahre her, seinen Eltern auch nur ein einziges Wort des Trostes zu sagen, aber mir ist es auch nicht gelungen, für mich selbst ein einziges tröstendes Wort zu finden. Außer vielleicht diesem einen, dass die Erinnerung an dieses Gesicht und diese Augen in mir jedes Leid und jede Angst vor Sinnlosigkeit vertreibt. Dieser Blick sagt immer dasselbe: »Hab keine Angst, es gibt auch gute Menschen.« Oft frage ich mich, wie es ihnen, seinen Eltern, gehen mag, die ihn doch jeden Tag sahen, wenn schon auf mich diese wenigen gemeinsamen Momente in seinem kurzen Leben hier auf der Erde einen solchen Eindruck hinterlassen haben.

Anastasia

Für alle, die um ihr Leben gekämpft haben.

Manchem ist von Geburt an Trauer ins Gesicht geschrieben, manchem Wut, und manch anderem Sanftmut und Güte. Ihr Gesicht strahlte vom ersten Tag an Leben aus. Wer sie ansah, senkte unwillkürlich seinen Blick auf ihre Augen, die vor Lebensfreude begeisterten. Ihr Gesicht war leuchtend, lieb, geschmückt von den tiefen, großen kastanienbraunen Augen, aus denen auffallende Kraft und natürliche Wärme strahlten. Ihr Haar, von der Farbe der Augen, nahm nur manchmal, an der Sonne, goldenen Glanz an, wie reife Ähren. Für ihr Alter war sie recht weise, und obwohl sie noch ein Kind war, hörten alle gerne auf ihr Wort, sogar deutlich ältere als sie. Als sie erwachsen wurde, änderte sich nichts daran – ruhige Helligkeit umspülte jeden, der ihr in die Augen sah.

Mich quälte insgeheim stets dieselbe Angst: Ob sie mich liebt? Mich hätte es gefreut, wenn sie mich liebte, aber ich fürchtete, dass sie mich nicht liebte. Ich hatte jedoch Glück, ich war damit gesegnet, dass sie mich liebte, und jedes meiner Worte, jede Bewegung war voller Aufmerksamkeit, weil ich das unverdiente Geschenk der Liebe dieses sanften Wesens nicht verlieren wollte. Wir sprachen selten miteinander, wir verstanden uns schweigend. In meiner Seele erkannte ich, als sie noch ganz klein war, unsere Verwandtschaft, etwas, das uns mit unsichtbaren

Fäden für immer verband, die die Berührung der Gnade Gottes geschaffen hatte.

Sie war mit einer seltenen Form von Herzfehler geboren. Ihre Krankheit trug sie wie alles, was ihr der Herr gab, würdevoll und tapfer. Einmal, nach vielen Kümmernissen und fünf Operationen am offenen Herzen, fasste ich den Mut, sie zu fragen, wie sie es schaffe, das Glück zu bewahren, mit dem sie uns in Bann schlug.

»Nur ein glücklicher Mensch kann andere glücklich machen. Es gibt so viele gute Menschen, die um mein Leben kämpfen. Sie haben das Glück verdient, und mit meiner Freude zeige ich meine Dankbarkeit«, sagte sie.

Dann fügte sie leise hinzu:

»Ich habe vor nichts Angst, auch nicht vor dem Tod!«

Dann stand das zehnjährige Mädchen auf und rief ganz strahlend, ernst und fröhlich zugleich:

»Ich gehe jetzt spielen, denn ich bin doch nur ein Kind.«

Ich trage in meiner Seele noch einige Bilder: das Krankenzimmer in Cleveland, sie an die Apparate angeschlossen, in der Agonie zwischen Leben und Tod. Mit ihrem Gesicht, ihren Augen und ihrem Lächeln hat sie, die Halbtote, mich, den Gesunden und Verängstigten, wieder aufleben lassen, sie erwärmte mein Herz mit ihrem Blick. Zwei Jahre nach dieser Begegnung verschlechterte sich plötzlich ihr Zustand. Sie verstarb knapp einen Monat danach.

Im Zimmer waren vierzehn Menschen. Während das Evangelium gelesen wurde, erfüllte sich der Raum mit Licht und unbeschreiblichem Frieden. In ihren Seelen waren Schmerz, Freude und Ruhe miteinander verbunden. Der Schmerz, dass ihr Blick sie in diesem Leben nicht mehr stärken würde, die Freude, dass sie am Thron dessen steht, der alle menschlichen Qualen und Leiden aufnimmt.

Das letzte Bild: das Peter- und Paul-Kloster, August, der Trauergottesdienst, alles weiß und rein. Licht, Leben, Anastasia. Auferstehung.

Auf ihrem Grab steht: »Kann es denn ein Wesen ohne Liebe geben? ›Ich bin‹ bedeutet: Ich liebe. Sein, Dasein ist für mich dasselbe wie Lieben, Liebhaben. Daher eile ich mit Liebe zum Allliebenden Jesus Christus. Er ist unser Gott, unsere Unsterblichkeit und unsere Ewigkeit. Er ist unser süßer Trost in dieser bitteren Welt, die vergeht, und unsere ewige Freude in jener unsterblichen Welt, die kommt.«

Worte, die sie mit dem Blut ihres Herzens und der Liebe ihres Gesichts unterschrieben hat.

Die Begegnung mit ihr, die Freundschaft, Seelenverwandtschaft, haben mir eine unauslöschliche Lebenserfahrung gegeben. Die Kraft, mit der sie den Tod besiegt hat, schenkte mir für immer ein Schuldgefühl wegen der von mir für Taten vergeudeten Stunden, die das Gesicht des Anderen nicht glücklich machen. Immer wenn ich Hoffnung, Glück und Freude verliere, erinnere ich mich an ihren Blick, stehe auf und fange von vorne an. Dafür bin ich Anastasia ewig dankbar …

Tvrdoš

Die Welt ist wunderbar und unbeschreiblich. Von ihrer Schönheit berührt, können wir manchmal ein Teilchen von ihr beschreiben, mehr oder weniger erfolgreich. Es gibt dennoch Orte auf dieser Welt, die zu beschreiben nicht einfach ist. So hat mich immer schon die Unfähigkeit einerseits und der Wunsch andererseits gewundert, das Kloster Tvrdoš zu beschreiben. Tvrdoš wäre für viele Menschen interessant, besonders für Maler, Historiker, Archäologen, Schriftsteller.

Das Kloster wurde dort errichtet, wo der Verlauf der Trebišnjica am ruhigsten und gleichzeitig am tiefsten und stärksten ist. Dem Weg von Trebinje nach Tvrdoš folgend, strömt die Trebišnjica durch das Polje[12] und durchschneidet es dabei wie Silberfäden in der Sonne. Im Frühling leuchtet es, genährt vom Flusswasser, grün und strahlend rot von den zahlreichen Mohnblüten. Ein sorgloser Landstrich, eindrucksvoll in der Klarheit der Farben, umrandet von schweigsamen Steinbergen, die ihn vor dem Rest der Welt schützen. Hinter dem Felsen, der das Kloster vor den Nord- und Ostwinden schützt, fließt der Fluss plötzlich und leise geradewegs auf Tvrdoš zu und wird zunächst ruhig und geräuschlos, um dann, gleich nach dem Kloster, wieder schnell und kraftvoll zu fließen. Im Süden ist das Kloster von einer kleinen Erhöhung und dem Wald von Trebinje sanft geschützt, an der Nordseite durch den hohen Felsgrat, einen Berg, den einst bewaldeten Kličanje, der sich organisch mit dem Leotar verbindet. So in harten Felsen eingenistet steht das Kloster Tvrdoš.

Die Morgen im Kloster Tvrdoš erstrahlen frisch und kühl. Sie sind ein wahrer Schatz während der Sommertage und der Hitze, wenn verhaltenes Vogelzwitschern zu hören ist, bei sanftem Wind, der Luft voll Jod vom Meer und voll organischer Ablagerungen des Ozeans bringt, vermischt mit Aromen von Kieferndickicht und Heidekraut. Beim ersten Ton des Schlagholzes, wenn die Mönche eilig von ihren Betten aufstehen und sich für den Morgengottesdienst vorbereiten, liegt auf dem Polje von Trebinje noch der Tau. Der Weg von Trebinje nach Popovo Polje ist grau und ruhig, so wie seine schlängelnde Begleiterin, die moosgrüne Trebišnjica, an der sich zu dieser Stunde die Reiher, Möwen und Taucher zu versammeln beginnen.

Aus einem verlassenen Gebäude vom Anfang des 20. Jahrhunderts wurde ein strahlender Kirchenkomplex im byzantinischen Stil, der überschäumt in der Schönheit seiner Türme und Wohngebäude, der Kirche und der mit Mosaik verzierten Wege, die zu ihr führen. Die Bauarbeiten dauern immer noch an, immer wird etwas gearbeitet, wenn nicht im größeren Maßstab, dann wenigstens ein kleineres Detail, ein Modell des Klosters, Steinschmuck an der Wand, ein Brunnen oder eine gerade gefertigte Fontäne aus Steinen, wie eine Quelle mit drei Läufen, die Idee und Ausführung des Abtes, die dem Geiste des Ortes vollkommen entspricht.

Die harmonische Architektur der Kirche lässt die meisterhaft angeordneten weißen, rechteckigen Steinplatten zum Ausdruck kommen, die ihre ungewöhnliche und einfache Außenwand bilden. Sie sind Zeichen des Ruhmes dieser Gegend, Zeichen ihrer

Weiße und Rauheit, aber auch Zeichen des Könnens des Meisters, dessen Kraft und Begabung nach Jahrhunderten widerstrahlen, gleich von welcher Seite man diese schöne Kirche betrachtet. Türen und Fenster sind in sorgfältig gearbeiteten Steinrahmen gefasst, die von einer dünn eingeschnittenen Linie umrahmt sind; alles ist in einfacher Vornehmheit. Einen besonderen Eindruck hinterlässt die Kuppel, die keine regelmäßige Form hat, sondern achteckig ist, wie der aus hartem Stein gearbeitete Altar, ebenso achteckig, was unüblich ist.

In der Kirche sind die alten Steinpfeiler ebenso erhalten wie auch das steinerne Handwaschbecken. Ihre vollkommene Einfachheit zeigt uns unsere Vergangenheit, die sich in den vier Pfeilern der Kirche von Tvrdoš zusammenfassen lässt. Sie sind massiv, waren zerstört, wurden wieder aufgebaut. In ihre Kapitelle wurden symbolisch Tränen- und Schweißtropfen gemeißelt, der einzige Schmuck unseres Bestehens und unseres Daseins. Im Fußboden der Kirche, im rechten Seitenschiff, befindet sich ein Grab aus dem vierten Jahrhundert, das interessante und wichtige Momente unserer Vergangenheit aufzeigt. Ein sorgfältig gemauertes Grab verweist auf die frühchristliche Lebensart, deren Grundlage, so scheint es, Gemeinschaft gewesen ist; so wurden viele Menschen in einem Grab bestattet. Die ganze Kirche ist nach menschlichen Maßen errichtet, nicht zu groß und nicht zu klein. Bei jedem Schritt sieht man von menschlicher Hand gefertigte Details, aber dennoch ist alles von göttlicher Gegenwart und Wärme beseelt.

Von den alten Malereien wurde nur ein Stein gefunden, auf dem ein Teil des Freskos ganz erhalten ist, und zwar die Figur der Jungfrau Maria, die den gekreuzigten Christus beweint. Dieser

Stein ist ein Symbol unseres christlichen Lebens in der Zeit, besonders in diesem Gebiet, in dem leider viele Mütter ihre gequälten und getöteten Söhne beweinen mussten. Doch das ganze Kloster, auf diesem Stein erbaut, der mit den Tränen der Mutter Gottes gewaschen wurde, steht ganz und gar im Zeichen der Auferstehung und des ewigen Lebens. Die gesamte Gegend – Oliven, Kirschen, Vögel und Bienen – singt von dem Sieg des Lebens über den Tod, der Freude über das Leid. Am frühen Morgen, wenn die Sonne im Osten erscheint, wenn die Luft vom Duft der Gräser heilsam und glänzend durchsichtig wie nach einem Regen ist, dann überwältigt einen, wie sehr einem die Schwierigkeiten des Lebens auch bewusst sind, das Gefühl von Freude und Fülle des Lebens. Wenn der Mensch auf diesem Felsen von Tvrdoš steht, fühlt er sich wie ein Vogel, der losfliegen und ein Lied singen kann, das die Himmelsbläue und die Schönheit der Erde bewundert, wie in diesem Morgengebet:

> »*Wir wurden am Morgen von Deiner Gnade erfüllt, Herr, und wir erfreuten uns und wurden fröhlich. In allen unseren Tagen wurden wir fröhlich, für die Tage, an denen du uns beruhigt hast, für unsere Jahre, in denen wir das Böse gesehen haben. Sieh auf deine Diener und deine Werke und weise ihren Söhnen den Weg. Und möge das Licht des Herrn, unseres Gottes, auf uns sein und das Werk unserer Hände berichtige auf uns, und berichtige das Werk unserer Hände.*«

Die Nacht in Tvrdoš ist mild, still und sorglos. Wenn der Tag vergeht, begibt sich alles zur Ruhe, ähnlich wie die Sonne, die den ganzen Tag strahlte und dann unterging. Vögel und Bienen,

Grillen und Frösche sind wie ernsthafte Musiker nach dem Konzert zufrieden und verstummen müde. Eine klare, unaufdringliche Ruhe ergreift diesen Raum. Vielleicht singt manchmal eine Nachtigall im Hain, als hätten die müden Mönche sie durch stummen Applaus um eine Zugabe gebeten. Alles wird still, ruhig, eine leichte Brise vom Fluss bewegt das Blatt am Ast, und die Stille flüstert den bereits Schlafenden zu, dass alles um sie herum gut ist.

Unsere Zeit, unser Dasein auf dieser Welt, ist vom Raum erfüllt. Wenn mich jemand nach Zeit, Datum und Stunde fragen würde, wann etwas geschehen ist, könnte ich vieles davon nicht einmal annähernd bestimmen. Aber fragte man mich nach dem Wo, könnte ich mit Leichtigkeit die Orte aufzählen, an denen ich war, als etwas geschah. Wie wichtig der uns umgebende Raum ist, sieht man auch daran, dass es den Menschen nicht gleichgültig ist, wo man sie beerdigen wird. Der Raum und die Zeit sind oft Wirklichkeiten, die uns trennen, die uns aber auch als Persönlichkeiten aufbauen.

Tvrdoš lehrte mich sieben Jahre lang die Wichtigkeit des Raumes, ohne dass es mir bewusst war. Das war ein Leben, das durch Ort und Raum sich selbst immer ähnlicher wurde. In edler Umgebung, in der junge Weinberge und Olivenhaine das Blickfeld erfüllen, die kaskadenartig zum stillen und breiten Fluss hinabsteigen, hinter dichtem Gebüsch, und wo der riesige Berg den Himmel verdeckt und die Luft nach Wermut und Heidekraut duftet – dort haben wir gebaut, gepflanzt, geweint, gelacht, gespielt, gebetet, gesungen, gemalt und wurden unmerklich von diesem Raum umarmt. Wir gewannen Tvrdoš lieb, und es wurde zum Einschussfaden unseres mentalen Gewebes, ein Ort, zu dem wir immer wieder zurückkehrten. In Momenten der Ruhe saßen an dem gleichen, langen Esstisch Mönche, Priester, Universitätsprofessoren, würdevolle Maurer aus Popovo Polje mit großen Handflächen, Archäologen und Architekten, Künstler, Schüler. Mit gebräunten Gesichtern und breitem Lächeln haben wir in den anderen den sanften und klaren Blick erkannt, Zeichen für die Schönheit des Zusammenwirkens des Schöpfers und des Geschöpfs und der gegenseitigen geistigen Verwandtschaft. Heute habe ich den Eindruck, dass es sieben Jahre Leben und Freiheit waren. Erst als ich diesen Ort und ein solches Leben verlassen habe, begann es in mir zu leben, im tiefsten Sinne des Wortes. Und wie die Zeit vergeht, wachsen Heimweh und der Wunsch, dass sich das Unwiederholbare wiederhole.

Anmerkungen

1 Serbisches Koster auf dem Athos (Anm. d. Übers.).

2 Er ist südlich des Altars der großartigen Kathedrale von Trebinje bestattet, die vor allem durch sein Verdienst errichtet worden war. Auf seinem Grabstein steht: »Hier ruht Erzpriester Stevan Pravica, geboren 1854, gestorben 1925. Er diente Gott und dem Volk treu vierundvierzig Jahre, davon elf als serbischer Lehrer und dreiunddreißig als Priester. Aus Dankbarkeit hat ihm das serbische Volk der Gemeinde Trebinje dieses Grabmal errichtet.« Am Tag seiner Beerdigung waren in Trebinje und Umgebung die Geschäfte geschlossen, und fast alle Menschen sind zum Gottesdienst gekommen.

3 Gemeint ist der Abtransport serbischer Eliten durch die Ustascha-Herrschaft während des Zweiten Weltkriegs (Anm. d. Übers.).

4 Serbischer Dichter (1868–1924), u. a. Übersetzer von Goethe.

5 Berüchtigtes Ustascha-Lager während des Zweiten Weltkriegs.

6 Das Abkommen von Dayton (auch Dayton-Vertrag genannt) beendete 1995 nach dreieinhalb Jahren den Krieg in Bosnien und Herzegowina (Anm. d. Red.).

7 HOS = Kroatische Verteidigungskräfte.

8 JNA = Jugoslawische Volksarmee.

9 Held der serbischen Mythologie.

10 »Tschetnik« bezeichnet seit dem Zweiten Weltkrieg Angehörige von nationalistischen und antikommunistischen serbischen bzw. montenegrinischen Milizen (Anm. d. Red.).

11 Berg bei Trebinje.

12 Polje bezeichnet eine meist ausgedehnte, talartige Ackerlandschaft, die durch ihren überwiegend unterirdischen Wasserhaushalt (Karst) geprägt ist.

Über den Autor

Grigorije Durić, Bischof von Düsseldorf und ganz Deutschland, geboren am 17.12.1967 in Vareš/Zentralbosnien, wo er die Schule absolvierte. Anschließend studierte er Theologie an der Theologischen Fakultät in Belgrad.

Am 23. Juni 1992 wurde er im Kloster Ostrog zum Mönch geweiht. Danach ging er mit dem damaligen Bischof von Zahum-Herzegowina und des Küstenlandes Atanasije (Jevtić) in das erneuerte Kloster der *Aufnahme der Heiligen Gottesmutter in den Himmel in Tvrdoš* bei Trebinje. Nach dem Studienabschluss in Belgrad verbrachte er die Jahre 1995 bis 1997 für ein Aufbaustudium in Athen. 1996 wurde er Abt des Kloster Tvrdoš, danach 1997 Archimandrit.

1999 wurde er als Bischof von Zahum-Herzegowina und des Küstenlandes inthronisiert. An der orthodoxen theologischen Fakultät in Belgrad verteidigte er 2014 seine Doktorarbeit mit dem Titel *Die Relationsontologie von Ioannis Zizioulas* und erlangte dadurch den Titel eines Doktors der Theologie.

2018 wurde er zum Bischof der serbischen Diözese von Düsseldorf und ganz Deutschland ernannt.

Neben seinem Amt als Bischof schreibt er auch. Er ist Autor der in serbischer Sprache verfassten Bücher: »Die Stunde kommt und ist schon da« (Ansprachen und Gespräche, 2004); »Lazar« (Novelle, 2008); »Die Geschichte vom alten König« (Novelle, 2009); »Freude des Lebens« (Kolumne, 2010); »Über die Türschwelle« (Geschichten, 2017) und »Freude des Lebens« (Kolumnen, 2010).

Er lebt und arbeitet in Düsseldorf.

Die Übersetzerin

Dragica (Matejić) Schröder, geboren 1948 in Miloševo bei Jagodina in Serbien, lebt seit 1973 in Deutschland. Sie ist Autorin, Herausgeberin sowie Übersetzerin für Serbisch, Kroatisch, Bosnisch, Montenegrinisch, Makedonisch, Slowenisch und Deutsch. Sie erhielt mehrere Preise und Anerkennungen und ist Mitglied in der VS-NRW, Bundessparte Übersetzer im BDÜ, des Schriftstellerverbandes Serbiens, des SV 7 in Frankfurt/M., Ausländerbeauftragte im Verband deutscher Schriftsteller und im Jugoslawischen Schriftstellerbund, im SV für Heimat und Diaspora (Sakjor) in Belgrad, der Akademie der Geisteskultur in Paraćin, des Schriftstellervereins »Djura Jakšić« in Jagodina und Vorsitzende des Jugoslawisch-Deutschen Kulturvereins Hilden e.V.

Sie lebt und arbeitet in Hilden/Deutschland und Miloševo/Serbien.